高考语文

热点作家作品精选

时光清浅 微雨在檐

李丹崖/著

戴滢滢/点评

哈尔滨出版社
HARBIN PUBLISHING HOUSE

丹崖的美文力求呈现生活中真实的美好，事实上，他烹制的"心灵鸡汤"也确实让读者获得了种种美好的心灵体验。作为编辑，我是丹崖很多文字最早的读者，其作品中那些平凡的主人公给了我最多的感动。

——王飞（《读者·原创版》编辑部主任）

做编辑的时间与丹崖写字的时间几乎一致，感觉做编辑最大的回报是可以提前阅读作者的文字，在这份披沙拣金的行业里，能与丹崖的文字相遇，于我是一份福气，这份陪伴，于我是信心与美好。

——许之贤（《意林》杂志社编辑）

淡淡地好，平静地说，如促膝谈心；有道理，却温和，如树下的阳光；年轻，清澈，却含一点点隐约禅意，如同把一个湖泊装在花瓶里……这些文字，那么明白，明白到可以照耀心灵，真好。

——罗西（著名作家）

丹崖的随笔，杂花生树，读来身心清爽。目光所及处，皆有意趣可寻。

——周海亮（著名作家）

我经常把丹崖的文章放在各大中学的讲堂上作为例文解说。他的文字，我觉得不仅仅是在传达一种阅读之美，更是在透露一种创作者特有的真诚。

——一路开花（青年作家）

寄情于墨，运神于笔

王飚

徜徉于山雄水漭的大野，胸中自有一种泱泱盈盈的浩气；仰望于星辉月朗的夜空，心底自会涌起淡雅仙逸的幽韵；品读于年轻作家李丹崖的文字，灵魂深处自会氤氲着洋洋洒洒的诗意；天地有大美，万象森列，轮奂如画；作家的心中有大美，其落笔着墨，必将字字珠玑，篇篇秀华……

如果说生命是一首歌的话，那么，成长便是此歌之旋律的谱写过程；能在年轻之时，便拥有优秀作家之称的荣耀，这无疑是一种成功，但是，幸运者，自有其得天宠幸的玄机！当许多年轻人，还在"愤青"的行列中指天问地地消耗着自己的青春之时，李丹崖却像一棵果树，在歌颂着阳光的明媚、赞叹着风雨的洗礼中，布干抽枝，落落成荫，迎来了花开的绚丽，进入了果熟的季节。如今，他正像一只高翔于文学天空中的雄鹰，在风云变幻的苍茫之中，展现着自己的勃勃英姿。

当然，一个人的卓越，自有其可圈可点的精彩。自从李丹崖2009年的第一本散文集《草是风的一面旗帜》问世以后，便好评如潮；接着，又以一本《写给天空的情书》登上了畅销书作家榜；他不但以自己饱含青春激情的语言和富有阳光韵味的行文，赢得了广大青少年读者的青睐，更以自己的实力，成为全国多家出版社的座上客，成了如《读者》等全国著名杂志社争相签约的作家，并被中国作协吸收为年轻的会员之一。

李丹崖既是富有才华和灵性的年轻作家，同时，也是勤奋和有发展潜质的作家，迄今为止，短短的几年里，已经相继有了十几部作品集问世。近期，又欣闻他的这本随笔集《时光清浅，微雨在檐》即将付梓，真是灵感如涌，文思如潮，才气秀拔，志趣相彰啊！

李丹崖的文章，短小精致，妙语迭出；有的灵动如诗，有的大气如赋；有时让人读来，如饮甘醇，幽然自怡；有时让人读来，如观虹霓，酣畅淋漓。文虽短，意韵长，一个故事，往往能给你带来感同身受的快意；一段文字，常常能引爆你丰富的想象力。展卷于眼前，仿佛一支支短笛，在响奏着一曲曲悠扬的曼歌；掩卷于读后，宛若走过百花斗妍的原野，灵魂深处依然透着幽润的芳香。尽管人海苍茫，世事纷纭，但他总是怀着一种怡悦的心态，欣赏着大千世界的美丽；总是睁着一双智慧的眼睛，发现着人性的率真，然后，寄情于墨，运神于笔，其字里闪着天地造化的大美，其文中透着人性本真的光辉。

文字里藏不住作者的灵魂，笔锋下彰显着作者的精神；文如其人，透过他的文字，我们可以了解到，他的笔头下之所以能开出一朵朵迷人的鲜花，就是因为他有着一个渴望在文学的原野上，不懈耕耘、矢志不移的灵魂！胸有峰岳者，必有大梦相随；愿年轻的朋友，你也能通过李丹崖的文字，发现一个卓尔不凡的自我！

（王飙，旅行作家，畅销期刊签约作家。）

感谢这条路你陪我走过

李丹崖

在春日的阳光里，整理我手里的这本书稿，脑海里闪过一个句子：感谢这条路你陪我走过。

窗外花正好，好似你的年龄；春雨琳琅地飘着，恰似你的心事。在你最好的年纪，我把我的心声说给你听，写给你看，只希望在你成长的路上，能够带给你些许的感动、丁点的帮助、丝缕的联想。这样，就足够，就算我没有白忙碌。

这些文字，是个人认为最适合青年人阅读的随笔。我把它们收集成一束，但愿它们能发出一些微弱的光亮，照亮你前行的路。

我不是"知心哥哥"，只是一个与你年龄相差不大的人，你所经历的，我刚刚经历过，青春的余温尚没有放凉，所以，把这段匆匆的岁月讲给你听的，应该是我。年长者容易脱节，与你有代沟，比你小的，又稍显稚嫩，有些"为赋新词强说愁"的意思，你也不乐意听。所以，感谢出版方，把这个机会给了我，我将竭尽全力，精挑细选如下的文字，呈现在你的面前。

细数这些年来，我出书超过15册，但此册是我最用心的一本。因为，我肩上有使命在，不能随意录入一些残次的作品，对作品中的每一个字句，也会字斟句酌，生怕哪一个句段因为稍显暗涩，影响了你的心绪。

　　这些年，我有这样一个习惯：心情阴郁的时候不写作，大喜大悲的时候不写作。我只把最好的文字，交付最平静的时光。我坚信，只有心态放平了，心思入定了，才能写出最好的文字。阴郁势必产生牢骚，大喜势必产生狂言，大悲势必产生伤感，而这些，都不是正青春的你所需的。作为一位过来人，我有义务把生命当中的正能量传播给你。

　　春水微澜，韶华正好。愿我的小文如舟，能承载你到你想去的地方，或者是在你的航程上，推你一把，这就是我最欣慰的事情了。

　　也欢迎你把你想说的，写信告诉我，我将在皖北小城，为你点亮一盏灯火。

　　是为序。

第1辑
岁月风平

衣襟带花，岁月风平。好比是岁月静好，我们安享在这样的岁月里，也无风雨也无晴，任由春花肆意地开着，夏虫脆亮地叫着，秋叶多情地红着，冬雪圣洁地筑梦。我们气定神闲，从不担心一场大风把我们的生活摧枯拉朽。这是一声赞叹。

衣襟带花，岁月风平 / 002

流年，请你黏一些 / 004

拿一段滋味养自己 / 006

苔藓苔藓，我是阳光 / 008

守得云开，终会月明 / 010

提一桶水，喂地 / 012

天津记 / 014

灵魂只选择自己的伴侣 / 016

骑在光阴的马背上 / 019

山月不知人事改 / 021

风的节奏云知道 / 023

你若清澈如昨，我便欢喜婆娑 / 025

看开了 / 028

善是一匹快马 / 031

经霜 / 033

那些雅骂 / 035

看好与好看 / 037

洞烛幽微，才能洞若观火 / 039

给暗夜一管口红 / 041

写作终归是一件寂寞的事 / 043

第**2**辑
成长如蜕

在青春的树林里，我们每个人都是早起的少年，露珠和朝阳沐浴我们成长，树干上的蝉蜕、叶脉上的蝴蝶常常会幻化为我们心灵的图腾，成长如蜕，我们振翅飞翔的瞬间，成就自己不褪色的青春轨迹。

碰青了鼻子别害怕 / 046

第一次少年游 / 048

半边月也能给你们温暖 / 050

做一件传世家具 / 052

你给的温暖 / 054

别把自己的马儿策得太快 / 056

饿了就回家 / 058

付出得多，才不易放弃 / 060

不在昨天的事情上纠缠 / 062

遇见你是最美丽的意外 / 064

一枚桃红色发卡 / 066

一个人旅行 / 068

大多数成长总会伴着疼痛 / 070

小儿正在妖娆，请勿打扰 / 072

父亲的围巾 / 074

明日即天涯 / 076

修炼你的5% / 078

我的小时代 / 079

迁徙的梦想，不迁徙的内心 / 081

像一只鸟儿那样轻 / 084

第**3**辑

时光心路

时光是一枚信笺，每一行都写满了我们的心路，那些青春的悸动，成长的艰辛，遭遇的挫折，都付那年华深处的风花雪月，都填满岁月的年轮。我们在时光深处，做着是非题，也在收获诗意。

抱冬 / 088

春天去临帖 / 090

冬天做个乡下人 / 092

关心粮食 / 094

经年之水 / 096

旧历年飘香 / 098

榴花开欲燃 / 100

猫冬 / 102

芍药花的粉拳打向春天 / 104

少忍数旬蒸米成 / 106

十月，收藏一片黄叶 / 109

似水流年 / 111

小雪浅 / 113

一枕晚凉，时光不忙 / 115

春在柳眉间 / 117

草色 / 119

年来 / 122

春天正在赶来，少安毋躁 / 124

第4辑
弯道智慧

生命不可能永远走直线，在大多数情况下，我们所处的位置恰恰是弯道。有人说，弯道最适宜超车，在我看来，弯道上也生长着茂盛的机遇，我们能做的是，抓住机遇，迎难而上。

第三碗酒敬给"敌人" / 128

丰子恺的床 / 130

给屎壳郎一条银河 / 132

给弯路画上龙鳞 / 134

害怕是最好的捷径 / 136

好纸一年成 / 138

黄永玉的猫头鹰 / 140

假如生活欺骗了你 / 142

冷门淘金的智慧 / 144

莫以炒作换虚名 / 146

为英国王室宣读圣旨的人 / 148

我不会对你们说谎 / 150

心障不是障碍，而是心灵的屏障 / 152

幸运青睐这样的人 / 154

一家书店的警醒 / 156

用福克纳的矛攻击福克纳的盾 / 158

悦人者众，悦己者王 / 160

越谦逊，越藏名 / 163

职工食堂里的管理学奥秘 / 165

只因我们有着一样的不堪 / 167

第5辑

如沐春风

人是社会的动物，生在自然界，不可避免地与周边的人与物体发生着千丝万缕的关系，这也就是所谓的"交际"。交际是一门智慧，现如今的图书市场上，畅销着"交际三十六计"等书籍，而在我看来，交际的"计策"只有一条，那就是：心中有爱。

丹青负我 / 170

何必将错就错 / 172

像梁启超那样饶人 / 174

唐太宗为何拒绝反季节蔬菜 / 176

因为特立独行，所以命运垂青 / 178

子弹也应给人尊严 / 180

害羞可能会害了你 / 182

张治中的担当 / 185

心中有爱，人生自有拐点 / 187

心受伤了吃杯茶 / 189

风口浪尖上的坚守 / 191

拓跋宏宽和赢良将 / 193

有些优秀要及时叫停 / 195

梁启超为何训斥徐志摩 / 197

沈从文赞叹的寻人启事 / 200

海明威的怒火 / 202

王闿运为何不买曾国藩的账 / 204

自足 / 206

跟星云法师学管理 / 208

马可波罗的瓶子 / 210

第6辑

心灵点击

心灵是一座独特的磁场，我们每个人都是这座磁场里的铁沙子。有些人随波逐流，有些人是拥有磁极的磁铁，从不受别人牵绊掣肘。做最倔强的磁铁，再也不在乎别人的眼光。

薄滋味 / 214

荡 子 / 216

旷野里吹来的风 / 218

每个人心中都有一个花木兰 / 221

手和脚都是身体的花朵 / 223

书生 / 225

树走过的路 / 227

岁月是把杀猪刀 / 229

陶罐 / 231

余烬与余劲 / 233

做自己人生剧本里的"狠角色" / 235

别说话，吃荔枝 / 237

扔掉"鼻屎"上路 / 239

后　记 / 241

第1辑
岁月风平

衣襟带花，岁月风平。好比是岁月静好，我们安享在这样的岁月里，也无风雨也无晴，任由春花肆意地开着，夏虫脆亮地叫着，秋叶多情地红着，冬雪圣洁地筑梦。我们气定神闲，从不担心一场大风把我们的生活摧枯拉朽。这是一声赞叹。

衣襟带花，岁月风平

作家心语：用心灵的衣襟擦拭成长的泪水，你我都不是懦弱的行者。

清代学者王永彬应该算是最早的苦情戏酝酿者了。他的《围炉夜话》这样拆解"苦"字："人面合眉眼鼻口，以成一字曰苦，喻人生味苦。" 王永彬认为，人的眉毛是草字头，人的眼睛是一条横线，鼻子是一条竖线，下藏一个"口"字，岂不是暗喻命途苦楚？

我们是不是也可以这样解释呢？

——人眉好似一丛竹，竹下横陈一坦途，坦途之间有美须，美须开成八字步，一个"竹字头"，一横，"一"个人迈开八字步的"大"，这不正是"笑"吗？

看来，山不转来水自转，心境不改人意改，唯有明媚的心路才能让我们在岁月的暖阳里笑春风。

周新是明朝著名的按察使，他与掌管着禁军的纪纲是连襟。一日，周新自杭州回来，在京师见到纪纲，出于礼数，送给纪纲一套华美的袍子。纪纲很喜欢，想着自己平日里常常刁难周新，周新却对自己这般好，还真有些过意不去。

这时候，纪纲的一个下人在里面捣鬼挑拨说："周新送你袍子，这是在提醒你——无论你官职多大，他总能用一件袍子把你包住。另外，送你一件衣服，也有制服于你的意思，这不是在挖苦你，说他总有办法能制服你吗？"

纪纲一听，勃然大怒道："周新，你小子想蹬鼻子上脸，我定然不会饶恕你！"

听到纪纲发了这么大脾气，纪夫人从院子里进来，了解原委以后，纪夫人赶忙扇了那个挑事的下人一记耳光，纪夫人说："周新与我家夫君原是连襟，连襟——连筋，这是打断骨头连着筋的关系，岂容你在此信口雌黄。"纪夫人一边说着，一边央人拿来文房四宝，举笔写下了八个大字：衣襟带花，岁月风平。

乐得纪纲大声叫好！原本可能是一场朝野动荡，却被纪夫人以八个大字给压住了。敬佩纪夫人如此妙解，真可谓神来之笔。

衣襟带花，岁月风平。即便是这样诗意的句子，说不定也能引人歪解：是鲜花着锦，还是死水无澜？

衣襟带花，多美的裙子呀，若是裙角轻扬是不是要更好看？无可奈何花落去，那风也没有吹起来，好不识趣的风！这是一声叹息。

衣襟带花，岁月风平。好比是岁月静好，我们安享在这样的岁月里，也无风雨也无晴，任由春花肆意地开着，夏虫脆亮地叫着，秋叶多情地红着，冬雪圣洁地筑梦。我们气定神闲，从不担心一场大风把我们的生活摧枯拉朽。这是一声赞叹。

无论是生活还是命途总是如此，叹息和赞叹只不过隔着一层宣纸的距离。

点 评

用典+拆字，这样俏皮的开头，能够第一时间抓住你的心。中间故事发人深省，结尾哲理意味深长，立意"叹息和赞叹"仅在"一步之遥"，在文尾处甩了一计响亮的鞭哨。"岁月风平"，也带给人一股淡泊处世的力量，投射出一种"不争"和"无为"的人生信念。

流年，请你黏一些

我有一位小学同学，她自小在单亲家庭长大。四岁的时候，母亲不告而别，据说，早已落户外地，另有家室。也许是因为母爱的缺失，她总是爱做梦，梦里，一大片油菜花田，母亲拉着她的手奔跑，累了，就停在油菜花田里嗅一嗅花香。梦的下半段，母亲多半会离去，像电影里的虚化镜头，最后只留下一片鹅黄，还有她眼角的泪水。

一次上课，她打了个盹儿，老师把她喊起来，她嘴角仍有口水，同学们争相笑她，她却对着老师发了火，干吗要叫醒我，不明原委的老师一个劲儿地批评她，她不停地哭泣，直到放学的时候，她把一切告诉老师，她的家事，她的情感缺失，老师也抱着她痛哭一通。此后，即便是课上她睡着了，没有一个老师会叫醒她，甚至连讲课的声音也会降下来一些。至于她睡觉时错过的课，老师们会挨个给她补过来——没有人会打扰她在梦里与母亲的"美丽约会"。

现在想想那些日子，阳光金黄，斜斜地落在班级的课桌上，粉笔与黑板叽叽喳喳地对话，老师轻声细语地讲着方程式和单词，我们丝毫不敢打扰她，静静地谛听。流年慢了下来，像一枚琥珀，凝固在了最美的瞬间。

后来，我上了初中、高中，在我大学毕业之后，曾在公园里见过这位同学，依然是少年时候的样子，身边领着一个孩子，和当年的她长得十分相像，简直是她少年时候的翻版。她的女儿在公园里放风筝，她形影不离地跟着，身边一位老人，或许是她的婆婆，不停地说离孩子远一点，让孩子自己跑，而她唯恐跟丢了似的，寸步不离地尾随孩子奔跑着，那个公园里，飘满了这样一对母子的笑声。

我猜想，也许像她一样，每个人童年缺失的爱和事，自己都要加倍地补偿给下一代，唯恐因为自己的疏忽和大意，错过了和孩子共享美好时光的绝佳机会。人人都希望孩子的童年没有遗憾，在我们尽可能地给孩子制造美好回忆的同时，也是在弥补自己心灵的缺失。和孩子在一起的时刻，光阴慢下来，似大酱，浓稠无比，却也香气袭人。

流年似水，我们总在跟着时光一路小跑，跑着跑着，丢了童真，丢了童趣，丢了单纯，丢了无暇，每每在幸福的时光里举步的时候，我们每个人都会在心灵深处这样轻轻地呼唤：流年呀，请你黏一些，最好似胶，止息流动，把我们定格在最美的瞬间。

时光一去不回头，唯愿锦年最浓稠。

★ 点 评

一个温暖的故事，一场美好的宽容，师生之间，用一道关于大爱的命题，演绎了一场动人的剧。考场作文的制胜法宝是"以情动人"。此篇是典型代表作。透过此文，让我们明了：人与人之间多一些理解，也就多一些融洽。

拿一段滋味养自己

作家心语：年华葱绿，生活庸碌，人总要留一份时光给心灵，淘洗自己，也讨好自己。就此收获愉悦的人生。

至今怀念借调到花戏楼景区工作的一段日子，戏楼后面有一个别院，专供导游人员歇息之用，别院里有数百年前的古碑，碑文已斑驳，有一丛竹，环院落而生，风来，是竹风，鸟翔，如惊鸿，握书临窗，拂却游人啧啧，甚为快慰。

长期在都市里生活的人们，久而久之，如缺水的土地，是要靠一处幽静的环境来淘洗自己的，陌生能激化我们的灵感，清幽能培养我们的情趣，闹养体，静养志，果然如此。

在生活里奔走的我们，时常会发觉自己总像是缺少点什么，有时候，会因这份缺失变得六神无主，抓挠不是，睡在床上，翻来覆去，走在路上，不得其解，到底是缺了什么呢？恰恰是缺了这样一段别样的滋味，如一个长期行走在沙漠里的人，忽然望见一眼泉水，好一番痛饮呀！

有一段时间，我特别爱读周作人和汪曾祺的文字。他们的文字总能给人营造一种别样的味道，似雨天里的一地青碧、溪边正在发着葱绿的新韭、荷叶上伏着的一只小青蛙。微风拂过，摇曳多姿，蹦跳之间，波光乍现。

孟子说："我善养吾浩然之气。"怎么养？静以修身，俭以养德。怀揣着敬畏心做事，怀抱着天真阅人，不争逐，不计较，不钻营，不算计。该坚守的寸土不让，该放手的秋毫无犯，该汲取的潜心凝神，该摈弃的一干二净。

衣食有真味。宽衣养体，素衣养心，粗布衣养廉，锦衣养情。珍馐养眼，素面养胃，家常饭养心，至味菜根香。

每个人都是行走的一脉泉流，我们可以从别人的泉眼里照见自己的内心。拿别人的进取心养自己的志向，拿别人的欢喜心养自己的幽默，拿别人的安宁心养自己的静谧，拿别人的壮怀心养自己的胆魄。

每个季节都有不同的风景，我们大可以移步换景，乘物以游心。一缕春风里珍惜自己的得意，人生得意须尽欢，尽欢时候想明天，留一份欢愉存耳畔，听取三千炙热，收获万种云天。一抹夏阳里检索自己的影像，不堪的佝偻，挺拔的自信，亦步亦趋的坚持，且歌且行的豪迈，都化作一首首诗，馈赠生命的旅程。

每一个年龄段都有它的滋味，每一天都有每一天的精彩，借一段幼年过滤我们的心境，借一段青年鼓舞我们的激越，借一段中年逐增我们的责任，借一段晚年沉醉我们的淡泊。借昨天回味，拿今天做筹码，赢取通往壮丽明天的船票。

这滋味，那滋味，收纳，融合，回味，体会，方知人生真味。

人间有味是什么？苏轼说，是清欢。苏轼太睿智了，写出这样的句子，该有着怎样澄明的心境呀！俗世的风烟飘满了时光，稀释了岁月，我们挂着心灵的杖且行且觅——拿一段滋味养自己，寻一份清供来养心。

★ 点　评

　　第一人称亲身经历，引出本文主旨，然后用排比句加排队段，让整篇文章显得工整且颇具韵律感，读来朗朗上口，口齿生香。透过此文，让我们感知，人生当中是需要一些"闲情逸致"的，闲情以养心，逸致以养趣。

苔藓苔藓，我是阳光

作家心语：阳光，是青春的暗号；积极，是青春的号角。你我，都是不掉队的冲锋兵。

小时候，我很怕苔藓，认为它们是土地生的霉菌。

霉即是菌，沾染上了，恐是要生病的，所以，见它就逃。却不料，有一次，误入一片阴暗的苔藓地，急忙转身欲逃，不料却刺溜一下滑倒在地，刚买的一件新衣服，被青绿的苔藓弄得永久也洗不掉了。

于是，与苔藓做了仇。每每再见苔藓，就朝它们泼脏水，殊不知，越泼水，苔藓反倒越旺。母亲看到我的傻傻举动，提醒我说："苔藓最喜潮湿的环境，你泼水，无异于火上浇油。"

我又气又急。母亲说："干吗要被一地苔藓弄坏了心情，你只要转移注意力，别去看它们，你就会逐渐发觉，苔藓没了，生活有时候就是这么邪气。"

现在想来，童年的我真是个急性子，也是个坏脾气。出身农村，却发了疯地向往城市，每个周末都希望往城市里跑，钻进书店、玩具店、饭店，恶补我一个农村少年的饥渴。拮据的家境逐渐不支，母亲为了宠我，强打精神坚持。

后来，我在一次骑车进城时，不小心撞到了另一辆自行车，那个自行车上的少年摔倒在地，咔吧一声，手腕骨折。

为此，我家不得不卖光了所有粮囤里的麦子，给那个少年看病。我痛骂时运不公，别人是愤青，我是愤少。那段时间，我又想起了自己被苔藓滑倒的情形，感觉那片恼人的苔藓一直未曾远离我。

母亲看我心情这么差，过来安慰我说："粮囤空了，来年还会再满起来，少年的时光里若充满了怨气，就再也难追回。"

对于顽劣的少年，每一位母亲都是心灵牧师。那是一个雨季，母亲把我领到废弃的老屋边，指着墙根上的苔藓说，你看看那些苔藓长得多旺盛呀，但是，只要雨季一过，它们就无处可逃了。

十天后，雨停了，再去老屋，苔藓果然消失了，阳光照在墙根上，似一幅坚强的图腾。

此后，再遇挫折，我不会自怨自艾，更不会怨天尤人，只在漫天风雨里，给心灵撑开一把伞，坐等阳光姗姗而来。并在心里默念母亲送我的句子——凡是阳光经常照耀的地方，苔藓就一溜烟儿不见了，待我把心地收拾干爽，等待繁芜的春事来！

点　评

一件小事，一条心路认知。做生活中的有心人，有时候比单纯修炼言辞之美还要重要，这是本文的亮点所在。而许多考生都把过多的心思放在遣词造句上，从而忽视了文章的"神"。而带给人一股积极向上的人生信念，恰是当前我们这个社会所亟需的。

守得云开，终会月明

作家心语：不求每一场等待终会有人来，只求触目所及处春暖花开。

有一种物理学术名称叫"上帝粒子"。什么是"上帝粒子"呢？

在著名的粒子物理学"标准模型"中，有科学家推测应有62种粒子，但由于这一"标准模型"无法解释物质质量的来源，直至1995年，62个粒子中才找到61个，第62个粒子一直无法找到，却又极为重要。因此，被称作"上帝粒子"。

早在1964年，英国物理学家希格斯就预言了上帝粒子的存在。希格斯推测，在137亿年前的宇宙大爆炸过程中，会形成各种"场"，而"上帝粒子"就存在于这个场内。其余一些粒子，与它相逢时，或速度降低，获得质量，或完全不受影响，继续前进。

当时，希格斯写了一篇关于这一发现的论文，投寄给了某业界知名度很高的杂志社，不料，却因为被人看成是主观臆断而退了稿子。

一个专注于物理学试验和研究的人被看成是"满嘴跑火车"，这种对学术的不认同和不尊重，按理说会挫伤一位物理学家的积极性，可是，希格斯并没有受"退稿"所影响，依然故我地坚持着自己的学术研究，后来，他的这篇论文终于在美国期刊《物理学评论》发表。

这篇论文发表之后，反响并不像希格斯当初所想象的那样火爆，而是反应平平，甚至是少有人问津。

为此，希格斯像个没事先生一样，依旧过着自己的庸常生活，做着自己最热爱的教书育人工作，结婚生子，日子平淡无奇，与平常人一样。他甚至连个平常人都不如，他不看电视，不用电脑，不用电话，一心专注于自己热爱的物理学研究，一做就是数十年。

在这期间，2012年，已经83岁的希格斯被提名诺贝尔物理学奖，却失之交臂，希格斯依旧波澜不惊，等闲视之。2013年，希格斯终于凭借预测了"上帝粒子"的存在，与比利时的弗朗索瓦·恩格勒一起获得了诺贝尔物理学奖。

一个原本在1964年就应该获得的殊荣，却整整迟到了半个世纪，而在这漫长的等待中，希格斯不骄不躁，不怨天尤人，不牢骚抱怨，终于守得云开见月明，获得了世界的认可，也获得了属于他的尊荣。

人生难免遭遇不解和委屈，当我们面对世界束手无策的时候，时间往往能为我们证明一切，因此，面对质疑或不公，激烈申辩是一种途径，当这一途径无果的时候，等待却是"无为胜过有为"的一种独特智慧。

★ 点 评

典型的故事加感悟式作文，本文在叙事上不拉杂，在感悟上提炼精准。在深度上挖掘到位——"面对质疑或不公，激烈申辩是一种途径，当这一途径无果的时候，等待却是'无为胜过有为'的一种独特智慧。"这样的结尾发人深省。

提一桶水，喂地

作家心语：你我心里都有一亩田，别干涸了我们心灵的

禾苗。

人在提起一桶水的时候，心里是安宁的。头上，晴天丽日，桶里，蓝天白云。

心如一汪水，静谧，澄澈。

人在走向一亩地的时候，心里是安稳的。面前，和风吹着，蜂蝶嬉戏着，脚下，是踏实沉稳的大地。

心如一片土壤，春夏秋冬都有不一样的诗篇。

水是木桶写给土地的信，浇水人的心是最好的邮戳。

提起一桶水，浇灌土地，喂饱秧苗。是在生产，也是在创造，春种一粒粟，秋收万颗籽。种子在土壤里伸懒腰，豆芽在土壤里歪着头，芍药抱着花骨朵，玉米结着大个儿的"棒子"，种瓜得瓜，种豆得豆，再也没有土地对人这么公平。

提一桶水，喂地。地喝饱的时候，自己也拿起水瓢，咕咚咕咚喝个痛快，人是思想的植株，植株是静默的人。

晴耕雨读，不知道羡煞了多少人。荷叶上带着水珠，南瓜花上蜜蜂忙碌，细雨下小溪泛起笑涡，田垄旁蒲公英一脸金黄。

田畴宽广，不知道让多少哲人和隐士驻足流连。何必等到田园将芜，何其忍心田园将芜，田园丰腴不拒肥，当然，也不惧肥。绿肥红瘦处，看蜻蜓飞舞。

冬天，粮食是塞给土地的红包；夏天，蔬菜是馈赠土地的秀发。春天，坐等红花；秋天，坐拥硕果。时时刻刻，我们都在播种欢喜，播种专注，播种年华。每一寸土地也都在记述着我们的成长，每一分根茎也都在帮我们绿袖添香。

提起一桶水，走向田里的时刻，心里装着"春暖花开"，耳畔清风徐徐，空气如此清爽，禾苗欢快，它们是大地的孩子，也是你的孩子。

点　评

一个诗意的标题，胜似两三个优美的段落。考场作文，有许多是印象分，在标题上，本文就成功了一半。加之诗意的陈述，段落格式的清朗，成就了此篇为难能可贵之佳作。现实生活中，人只懂得向土地索取，而忘了施与。这"土地"，也是心灵的土地。

天津记

作家心语：城市有灵，面对它的时候，我们切莫丢了自己的魂。

若是遇见了不开心的事情，或是工作压力大了，需要找个地方散散心，我会去天津。

天津，天上的津渡吗？是在泅渡心事？

怀揣着如此美丽的名字，坐高铁到天津南站，下了车，有出版社的编辑接站，因为一个年会来到天津，先前，老是路过，老是错过，这一次，终于劈面相逢。

很多年前，还是上学的时候，在一家报社实习，主编在国庆的时候带给我一盒礼物，打开一看，正是天津大麻花，吃上一根，香酥可口。硬实的面，第一次给我这么酥脆的感觉，这感觉，让我对天津充满憧憬。

天津，在多年前，用一根麻花做饵，诱惑了我这么多年。

有人说，有钱出国，没有钱，不妨游游天津，天津是一座外国建筑的博物馆，20世纪，多国租界集聚天津，掳走了金银，只留下一幢幢建筑，在天津，供人观瞻，供人想象，供人记取时光的烙印。

昔日霸权的泥瓦匠在天津纠结，对弈，最后，在时光的对垒里，败下阵来，只留下彼此的藏身之处，现在，我们指着他们的"蜗居"说，瞧，野心与蛮横曾经在这里威风恣肆过。如今，该去的终究要去，迎来送往的还是天津卫两岸黄皮肤的中国人。

夜风过境，最后还是迎来天津的黎明。

我在和平宾馆醒来，推窗远望，一栋栋租界的小楼如侍者，侧立在天津的街道上，不远处，有马车、游人、导游在街上飘过，是的，只能用飘过，对于建筑来说，所有的人终究都如浮云，都是过客。

海河，在天津的中央，汪洋恣肆着自己的柔情。河上，各色桥梁弯下身去，不为汲水，实为渡人，这是天津的胸怀，躬身迎来送往，一派和暖。在海河之上的"天津之眼"，竟然是一座摩天轮，摩天轮做了天津的眼睛，真有些游戏人间的意思。

天津人是乐观的，华灯初上的时候，名流茶馆里，簇拥的人群，坐下来，嗑着瓜子，悠闲地品着茶，乐呵呵地听着相声，咧开嘴笑，张开嘴吃，吃罢笑过，起场去，夜色安宁，内心也复归静谧，街道上逛街的人却骂我们这些听相声的人傻，好吃好喝呀，不如泡个澡堂子，吃一笼狗不理包子来得实在。其实，他们哪里会懂：人生也是这样，笑笑别人，也被别人笑笑。

租借地所在区域的天津，夜太静了，过了22点，街道上已经扔根棍子也砸不到人，以至于我们想找个茶馆喝茶也难了，我们一干人等只得找了一家没打烊的超市，买了些零食啤酒，干一罐儿，明天就要返程了，此番与天津别过，他日入梦，梦里仍有快板和相声把我笑醒……

旅行无非是图一乐呵，人生也是一场旅行。

点　评

游记写作，最忌落入走马观花记流水账，本文条理清晰，入题稳准狠，句段之间契合较为紧密，结尾升华耐人玩味。这样的创作，颇值得高考作文借鉴。人生似一场出游，出游的时候，请清逸自己的内心。

灵魂只选择自己的伴侣

作家心语： 任何优秀的心灵都是任性且倔强的。

狄金森说，灵魂选择自己的伴侣。是的，应该是"有且只有"——只选择自己的伴侣。

想当年，骆宾王因为起草了讨伐武则天的檄文，而引起武则天大怒，在大怒之余，武则天发现骆宾王文采斐然，许多句子写得都惊为天人，武则天当即问旁人，这个骆宾王是谁？你们当初没有能重用这样的人才，是大大的过失呀！

武则天的一声叹息，远远未能给骆宾王留下一丝希望，他连夜逃到杭州，削发为僧，从此，不理时政，明哲保身了。

骆宾王知道，武则天那是在要他的命，试想，若是武则天不责怪骆宾王，并委以重任，骆宾王还会不会遁入空门？恐怕答案还是和先前一样，骆宾王知道，自己与武则天志不同道不合，不相为谋，说白了，他们各自不是对方"篮子里的菜"。在灵魂的道路上，两人没有交集，所以才会分道扬镳。

与这个故事相同的，还有一则。

事情发生在东汉时期，管宁与华歆二人，本是最好的同学，但因为两件事，两个人闹掰了。一件事是：管、华二人有一天在园中锄草，两人同时发现地上有一块金子，但管宁视金钱如粪土，不为所动，继续锄草，而华歆则捡起来，把金子藏起来。又一次，管、华二人同席读书，有达官显贵乘车路过，管宁不受干扰，静坐如禅，而华歆却大踏步出门观看，啧啧而叹，满脸艳羡。管宁见华歆和自己的世界观和价值观都不相同，一气之下，便拿来一把刀子，把两人正在坐着的席子从中间划开，表示不愿与之为伍。

世间，这样的事例何其多，交往如此，爱情亦如此，两人不是"王八看绿豆"，硬拉在一起也不来电，关键是两人要有火花，要有雷鸣，否则，只会视而不见充耳不闻，泯然路人。

最后，还是让我们用狄金森的诗来回味：

灵魂选择自己的伴侣
然后，把门紧闭
神圣的多数对于她
再没有意义

无动于衷
发现车辇，停在，她低矮的门前
无动于衷
一位皇帝，跪倒在她的席垫

我知道她，从人口众多的整个民族
选中了一个
从此，封闭关心的阀门
像块石头

正所谓："一念执着，万念俱灰"。任凭你夸破海口，说破大天去，也徒劳无功。

点　评

　　本文一个突出的特点就是"诗意恣肆"，最巧妙的办法就是"用纯熟的语言把许多引用穿珠成链"。引用不好用，多了就有剽窃的嫌疑，少了，徒劳无功。本文恰到好处，且在体例上有所区别，有事例、有诗歌，总体给人的感觉是"有嚼头"。读罢此文，脑海边飘出一个句子：任性的人生不需要理由。

骑在光阴的马背上

一晃又是一年，一晃一晃又一晃，年代和世纪纷至沓来。

"晃"不就是"日光"吗？我们就这样度过一个又一个"日光"，在光阴里，时间逐渐老去，年华蹁跹如蝶。

回忆里，母亲还是那个能帮我扛得起"永久牌"自行车的女人，如今，自行车退出家庭舞台，母亲也身姿消瘦，鬓角斑白。

印象中，我还是个孩子，在乡野，在镇上的校舍，在无尽的青春细雨里，撒着欢，任着性，由着自己，拥有着"胡作非为"的青春。如今，女儿已经两岁，她在我的心坎上撒娇，我心如壤，逐渐沉厚，不再飘浮。

前几日街上遇见初中班主任，他是一个会织毛衣的男士，常常在我们课间拿起一件毛衣，毫无顾忌地织着，也织着他所有的骄傲。尽管他还会拉手风琴，但，他似乎觉得会织毛衣远远比会拉手风琴要值得炫耀。如今，我问他，还织毛衣吗？他伸出手给我看，原本如玉的一双手，如今糙如砺石，他说，现在的人很少愿意穿织的毛衣，我退休后，在乡村帮着老伴种菜养花，好不快活。

同学聚会上，与曾经名噪一时的"班花"相遇，那时的"班花"一头秀发如瀑，身材苗条似水，声音温柔如笙箫，如今再见，语言世俗，体态臃肿，一身皮草，皮肤也黑了不少，俨然一头猛兽，窝在房间的椅子里，光阴从她的身上碾过，到底安装的什么轮胎？

早年间，我读玛格丽特·杜拉斯，昏黄的色调，胶片一样的青春，夹杂着湄公河水，浑浊了蒙眬了我的视野，也野性了我的青春。如今，再读杜拉斯，多了几许看穿，多了几许无奈，多了几许认同，人与书俱老，宿命与书中的情节渐渐有了"勾结"。

浮生如路，光阴似马，而我们，就是骑在马背上的人，摔倒，爬起，驯服，驾驭，慢腾腾，加速度，游刃有余地在光阴的马背上"驾轻就熟"。

原来最讨厌这样一种怀旧："回首向来萧瑟处，也无风雨也无晴。"心想，这样的日子多没劲呀，不死不活，一天照搬一天，如死水，太过规律化。年华渐渐深入，却发现自己错了，若岁月能够翩然走过，静谧如禅，波澜不惊，我们该有着怎样的修行，有着怎样的幸运？

大多数时候，我们回首从前，不是硌伤了身体，就是摔伤了灵魂，试看那些骑在马背上的心灵，谁人不曾有伤，谁个不曾彷徨，谁心不悔衷肠？

最喜欢沙家浜里的句子：相逢开口笑，过后不思量。一直觉得，这句话，最适合送给旧时光。

骑在光阴的马背上，愿我们且行且珍惜，且回忆且记取生命路上鲜活的意义。

★ **点 评**

感喟年华似水的作文林林总总，本篇随笔显得很清爽，且在格调上不落俗套，尤其是引用的沙家浜戏文"相逢开口笑，过后不思量"，让这篇文章眉眼生动，意蕴悠长，似听一管长笛，两首眠歌，舒适优雅。本文在字里行间也透露着这样的哲理：生活中的诸多事情过去就过去了，再回首，已百年身。

山月不知人事改

作家心语： 月还是当年月，人已是别样人。年华越深，
额头的沟壑就越沉。

三年前去山东某景区开笔会，遇见一帮风华绝代的文友，相谈甚欢，会后，由于地域关系，联系较少，三年后，再开笔会，还在这个景区，人数有了增减，问起昔日某作家怎么没来，得到的回答令人愕然，因为身体原因，已经不在了。

得到这个消息，我望向窗外，一轮满月，人却隔开两世。想起三年前他踌躇满志，发誓要写一本惊世骇俗的小说，三年后的今天，小说过半，而他却以自己的离去向我们印证，生活本身就是一部离奇的小说。

生活哪能都像丰子恺所言：人散后，一弯新月凉如水。丰子恺的月是知趣通灵的。

大多数时候，还是苏轼所言：何事长向别时圆？苏轼的月总是这般冥顽不灵。

尽管嫦娥在，玉兔在，吴刚在，月是没有灵性的，它哪里晓得月下人的辛酸和痛苦；即便是玉兔捣药再灵，恐怕也不能让世间每一个受伤或伤感的人都"对症"。

山月不知人事改，夜阑还照深宫。好不解风情的月呀！

这不禁让我想起波兰作家切斯瓦夫·米沃什的《窗子》：

黎明的我向窗外望去，看见一棵年轻的苹果树在晨光中几乎变得透明。

当我又一次向窗外望去，一棵苹果树缀满果实站立在那里。

或许经过了许多岁月，但我记不清在睡梦中发生了什么。

浮生若梦，梦醒后，往往梦里的人和事早已不知所踪。想当年，米沃什为避战乱，也有过一段流亡的时光。在流亡的某个夜里，米沃什也一定有过孤枕难眠的时光。兴许，透过他躲避炮火的某个房舍，他也曾看到月光，彼时的月，说不定也是圆的。

但米沃什无疑是睿智的，他从这轮原本具有嘲讽意味的满月里读到了坚强的意义。他曾在接受波兰一家媒体采访时说："你如何在描写苦难的同时，又对罪恶表示认同？如果你真的认为这个世界是令人恐惧的，唯一正确的态度似乎就是否定它。"

是的，否定它，是对这个世界善恶的一种抉择，是一种分开山河的气度。一样的月光，在不同的人眼里，或花开凝露，或人迹板桥霜，然而，谁又能说花开和落霜不一样都是这个世界的美丽景致呢？

山月不知人事改。每每读到这句，都会成语接龙式地想起"天下大势，分久必合，合久必分"的句子，离合都是人生的常态，我们不妨像米沃什一样，在悲欢的田野，挎个篮子，分别时，捡起伤感的诗句，在相聚时，拾起豪迈的段落。

一样的月光，不一样的你我，理应有着一样的回味绵长。

★✦ 点 评

读罢此文，我想到了一个词目："一声叹息"，这是一篇感怀之作，叹息中蕴含的不是无奈，而是理性和俏皮。感怀作，最忌写成格调消极，那样就在分值上走了下坡路。本文扼住了格调的喉咙，写得阳光四溢，美感自然也就异彩纷呈了。

是的，如果你真的认为这个世界是令人恐惧的，唯一正确的态度似乎就是否定它。如此，甚好。

风的节奏云知道

　　朋友从事销售工作，他有个习惯，就是在博客里记录自己每天的工作业绩和工作进展。他如此炫耀，不光激怒了同事，还得罪了客户。同事轻蔑地看他说："整个公司就你能干！"客户忿忿地说："你把我们的隐私都泄露了！"所以，朋友的工作业绩一直平平，没有大进展，他太在意这些小成绩了，却忽略了前进路上的大步幅。

　　甲乙两个走钢丝的人比赛谁先通过一段100米的钢丝。比赛要求他们每人嘴里叼着一根木头，木头上，点上一根香，要求他们以一炷香的时间，谁先走完全程，谁就是胜利者。一声哨响，两人分别开始，最终，甲成了胜利者，原因是乙总想着胜利，气喘吁吁，呼吸之间，无形之中把香火烧旺了，甲走完全程，一炷香还未燃过半，乙走到80%就烧完了。乙败在没有控制好自己的心灵步幅。

　　作家王鼎钧写过一篇散文，说："人若死后，灵魂会挎个篮子，把他生前的脚印再走一遍，他需要一路走，一路拾起自己丢下的脚印，直至在这个世界上了无痕迹。"当然了，这毕竟是浪漫的想象。那么，按照先生的这种说法，哪一段路途拾起的脚印压弯了他的腰，哪一段路途让他健步如飞呢？这些脚印，也能反映一个人一生的节奏与状态，是在给一个人的一生做总结。

　　西谚有云："我们总是走得太快，而忘记了灵魂还没有跟上我们的脚步。"这时候，我们就需要慢下来，等一等灵魂，让他们跟上我们的脚步。生活在现代，都市的节奏逐渐加速，我们一路追逐，一路赶超，一路磕磕碰碰，一路爬起再上路，却不晓得静下来，捋一捋自己的心灵，在心灵的杯子里，沉淀浮躁，毕现澄澈。

作家梭罗说："你不要理那些水管，你要真的流经一个又一个风景，才会是一条河。"而在很多情境下，我们总是太在意那些原本无须在意的水管，只会欣赏工业化水管里的嚣嘈，却忽略了前方沉稳的河，静静的海。

一个人的一生，有两种节奏，一种为生活的节奏，有计划，亦步亦趋，有条不紊；一种为心灵的节奏，不乱方寸，不慕浮华，不随波，不逐流，内心住着一个沉稳的舵手，再大的风浪也不能奈他何。

水的节奏河知道，风的节奏云知道，你的节奏灵魂知道。

点 评

这是一篇哲思涌动的美文。在语言上极尽华美，在意境上又深邃明锐，一篇好的考场作文，语言是工具，意境是方向，落脚点在深度上。在这篇文章里，三点都做到了尽善尽美，反复咀摸，仍不失其味道。

悠闲的人生趣味，恰是这个时代所或缺的。

你若清澈如昨，我便欢喜婆娑

作家心语：日日感念昨日好，今日在袖管下乐陶陶。

毕业十年，再聚会时，看同班同学的眼神，太多的人已不再似往日纯真清澈了，不堪的世俗生活，庸碌的浮生冷暖，搅浑了太多人的"眼井"，即便是现在还有许多惊魂不定。

席间，看到A满嘴段子，这些段子中，有不少是荤段子，这和以往那个害羞的他判若两人；B原本性格开朗，现在再看她，低着头、噘着嘴在摆弄她的手机，好像是在跟谁赌气，原本的阳光脸庞荡然无存；C的变化就更严重了，开席不到三分钟，喝了几杯白酒，索性把自己灌醉了，且舞且歌，挥泪如雨，不知受了怎样的委屈；再看D和F，躲在一旁说着悄悄话，上学时，他们就关系暧昧，后来因为距离分道扬镳，如今各自组建了家庭，据说，还不时玩着暧昧，长此下去，恐怕真要成了"同学聚会，拆散一对又一对"的魔咒……

吃饭的时候，大家都冲着G笑，G还是学生时代的做派——白衬衫，常常喜欢扣上第一粒纽扣，办什么事情都讲原则，中规中矩，不喜欢别人跟自己开玩笑，据说，G现在做的事情就是针对社会上一些不文明的现象，在网上发帖、拨打行风热线举报，总之，给人一身正气，目前还是市政府的行风监督员。大家之所以笑他，是因为岁月仿佛在他的心上没有留下丝毫痕迹，他依然故我，保持着自己的天性，岁月的风刀霜剑丝毫没有改变他内心的容颜。

　　我觉得，我反倒很喜欢G，我一直望着他的眼睛，依然澄澈得像一汪潭水，内心的风波和游鱼一览无余。跟这样的人在一起，让你觉得心里陡生一种安全感，至少，他不会耍心机，不会使坏。

　　席毕，我们去了歌厅，有女生点了一首《追梦人》："让青春吹动了你的长发让它牵引你的梦，不知不觉这城市的历史已记取了你的笑容。"哲人说，永远不变的是变化，人真是会变的，而这些变化，容颜会记载，眼睛会潜移默化地改变。

　　眼神，眼神，眼睛真能传神，它是心之门户，心灵有了变化，都会反映在眼睛里。

　　岁月泥沙俱下，我们扛着爱人、孩子、房子、车子向前跑，保全了生活，有时候却荒芜了心灵。很多人却对自己的改变浑然不知，乐此不疲着自己的改变，甚至对自己的现状沾沾自喜。

　　穿越俗世的风烟，我们从雾里看见淡然盛放的百合，它是岁月深处悄然绽放的一朵真。至今记得那次同学聚会，记得至今单身的成功男士H，他之所以单身，是因为找不到自己心仪的"单纯"，H说得是夸张了，单纯的女孩哪能像他说得那般难寻？只不过是缺失了，很少了，或者是因为他本身的原因，从他的视线里迁徙了而已。

　　人生这条路，我们且行且珍惜，且行且寻觅。回首处，才发现，许多人，许多事，在许多人看来，都是昨日的好。

　　崔护的诗句"去年今日此门中，人面桃花相映红"，估计说的也就是这个道理。

　　你若清澈如昨，我便欢喜婆娑。

⭐ **点　评**

　　这是一篇心灵美文，点击的是清爽的情愫。好文总似茉莉，淡然盛开，花香就是文章所要传达的意义，透过这篇文章，我们能汲取的是前进的养料，向前看的信念，还有追古抚今的年代感。

　　作者通过本文是要奉告读者：莫要贪念昨日的好，今天手边的光阴才最重要。

看开了

作家心语：心事如土壤，洞明似花开。

朋友开了一家茶社，取名"天开了"。

只听人说过孩子聪明，可以预知未来，叫"开天目"。那么，"天开了"作何解释？

朋友说，东方人喜欢品茶，茶是天地间的精灵，沸水冲泡，气象在一杯之间缓缓开启，一叶一菩提，茶中是有宇宙的，况且许多心绪，在淡然的一杯茶中，想不开的也想开了，想得开的更释然了，释然的更透彻了，透彻又是一片多么澄净的天宇呀！

生活中有多少人、多少事需要一杯茶来解呀！

一样的资历，同事比你的工资高；一样的家境，邻居现在的日子过得比你滋润；一样的衣服，别人穿起来比你好看；一样的身高，别人找的伴侣比你好；一样的学历，别人找的工作比你强……

你看不开了，抱怨了，为什么老天待我如此不公，为什么命运总是对我不够厚道，为什么厄运总喜欢光顾我……当你的埋怨收集整整一沓，或者是到了"十万个为什么"的地步，你发现，除了增加些怨气，伤了身，颓了心，其余的，什么也没有改变，若非要谈改变，那就是周遭的人也被你的情绪所污染。

抱怨是心灵天空里的愁云，一味低沉和聚集，势必要落下暴雨，淋湿灵魂的被褥。而给自己一阵轻风，吹散浮云，晴空丽日闪现了，日子就明媚如昨了。

在加州理工学院的墙上，有这样一句校训：不要抱怨不公平，一切只因你努力的还不够。

这话说得多好，不要只看眼前的别人和自己，你和他现在所持有的，各有各的机缘与造化，他得到的，未必你不能超越，你得到的，未必可以长久。一切只看你坚持与否，付出与否，坚持付出与否。

你的埋怨可能埋葬你所有的心愿，而当你心死如灰，别人会从你的躯体上踏过，且会指着一抔黄土说："瞧，这个懦弱的人，他的余温还在，心已然死去。"

是的，在一次腾讯公司的大会上，马化腾这样说："腾讯虽然现在市值很高，但我们很怕，稍微不注意，跟不上就会倒下，巨人倒下时，身上还是暖的。说是你拿到了什么船票门票，但能不能走下去还不一定，还要很深的思考。"

永远的危机意识，或许是治疗埋怨的良药。而一个心里装着危机的人，机遇也就时刻伴随左右，冷不丁一个机会，你就突围了，三军过后，你会笑逐颜开，噢，原来所谓的磨难也就是这么回事。

许多时候，我觉得我们应该学学海明威，爱人，爱生活，日出打鱼，日落写作，迁徙过无数个地方，还参过战，无论在哪里都似一头不倒下的兽。他说："在一些地方住下来，有时暂时离开；对某些人要信任，对另一些人不要信任；对某些事不必相信，但对某些事都要深信无疑；关心各色各样的鱼，观察不同的风向、季节的更迭；注意你周围发生的事，坐船出海去、骑马去狩猎；迎送飞雪、静听风雨声；真正做到我要什么就能找到什么，并知道在哪里能够找到。"

想想吧，这些话或许对你看开一些事情会有用……

点 评

一篇典型的励志文，这也是近年来高考作文的命题方向。心灵鸡汤式样的写作，最忌陷入套路，要做到不落窠臼，就要在内容上下功夫，不可匆匆而就，潦草为文。要精雕细琢，才能保证完成的是一篇佳作。看此文，就能发现，作者用笔很缓，做到了意蕴的"静水流深"。

善是一匹快马

作家心语：善良是一匹快马，骑上它，阅尽人生芳华。

在职场中，最忌讳的是"大多数"，因为，"大多数"就意味着不优秀，泯然众人矣。

而在生活中，最值得赞赏的要数善良的"大多数"，毋庸置疑，大多数人是善良的，这个世界才会充满鸟语花香。

周末去超市购物，钱包忘在了生鲜区，一时间我非常着急，现金倒无关紧要，里面的证件和银行卡都要使用，眼看着要出差，迫在眉睫。第二天，有个陌生号码给我打电话，说他有个亲戚在银行上班，从银行系统里查到了我的手机号，才终于有机会把钱包还给我。那一刻，我心头一暖，这样一位陌生人的善意真是感人，为了一个素昧平生的人，他颇费了一番周折。

新闻里正在播报一则"暖流"。一位父亲在为患尿毒症的儿子四处奔波的时候，不幸遭遇车祸，生命奄奄一息的时候，他打算把自己的肾脏移植给儿子，可是，经化验，血型不合适，弥留之际，这位父亲抛出了最后几个字，捐献给需要的病人吧。就这样，他把自己的肾脏捐献给了另一位病人，而恰恰在此刻，因为他的善举，为自己儿子寻找肾源加了分，让他的儿子也很快找到了可以移植的肾源，就此恢复了健康。他用自己的善良换来了别人的爱心。

武汉站，最后一班到合肥的列车快要开的时候，我匆匆到达了售票厅。黑压压的长队让我头一下就大了，照这样，我今天算是走不掉了。可是，还偏偏和一位客户约好了。我正急得手足无措的时候，一位中年男士走到我身前说："我妻子恰好排在第一个，看你挺急的，告诉我班次，我让她替你带一张票吧。"就这样，我总算赶上了最后一班列车。而那位陌生人，我连名字也不知道，那张有体温的车票我却没有用来报销，至今珍藏在我的书房里。

想起那个怀揣着浓浓爱心的郑板桥，看到他在写给弟弟的家书里有这样的句子："平生最不喜笼中养鸟，我图娱悦，彼在囚牢，何情何理，而必屈物之性，以适吾性乎？"复又想起他饱含良知的怀旧："发系蜻蜓，线缚螃蟹，为小儿玩具，不过一时片刻便摺拉而死。夫天地生物，化育劬劳，一虫一蚁，皆本阴阳五行之气……上帝亦心心爱念……吾辈竟不能体天地之心以为心，万物将何所托命乎？"顿感郑板桥的仁善之心天地可彰。这样一种跨越族群的善，更为灵魂的旗帜招展了另一重别样的高度。

俗世中难免会有坎坷，而善良恰如一枚枚闪光的石子，能够填平这些坎坷，让我们如履平地地安然走过繁花似锦的光阴。

总嫌因缘到来过慢，我们若广交善缘，广播爱心，在生命的征程里，善就像一匹快马，无须扬鞭，自可驰骋飞奔，把我们载到欢喜的目的地去。

爱出者爱返，福往者福来。今朝为善，善缘自会姗姗而来。

点评

生活是文章源源不断的素材，面对这些素材，我们要做到于无声处听惊雷，在细微处见真知，对于生活素材的挖掘，本文是一个成功的例子。它的使用并不硬，而是很温婉，处理得也很到位，自自然然深情流露，丝毫没有说教的意味。

善是一股正能量，还望读罢此文的诸君，广结善缘，潇洒度人生。

经霜

　　我不否认，童年时候的我不是一个好孩子，经常干一些出格的事情——往邻居家小猪肛门里塞炮仗，然后点着，炸得小猪乱跑；把隔壁大叔的自行车气门芯拧到最后一道螺丝扣，邻居大叔骑上去的时候，车胎瞬间干瘪；我还从二楼教室用洒水壶"浇灌"过邻班女孩的发髻……总之，我是一个"十恶不赦"的孩子，周遭的人见了我，多半敬而远之。

　　我之所以敢这么大胆妄为，说实在话，是有人在背后给我"撑腰"，这个人就是我大姑。大姑在家里排行老大，爸妈也都敬她三分，所以，我每每做了错事，感觉逃不过一顿剋，就要跑到大姑家里，然后，大姑带着我到了我家，直到在我家吃了一顿饭后才离开。

　　刚开始，这样的靠山还管用，后来，用得多了，也就不灵了。有几次，爸妈都是等大姑回家之后再抽出皮带在我的屁股上"炒肉丝"，那叫一个麻辣呀，疼得我龇牙咧嘴。

　　有一次，我和隔壁班的一个男孩因为争篮球场地在操场上打架，气急败坏的我干不过他，抄起自己随身携带的玻璃杯朝男孩砸去，杯子恰巧砸在男孩的头上，血流不止，幸好校医及时赶到，才给他止住了血。事后，学校要开除我，我一下子就怂了。别看我平时一副吊诡样子，动真格的，我就害怕了，不上学，我去哪呀？

爸妈一同来到了学校，找到了班主任，好说歹说，才改成了留校察看。那天放学，我溜了，到了大姑家里，再也不敢回家。记忆中，那是个深秋，大姑叫上我一同去田里采摘红薯叶，一场霜冻以后，翠绿的叶子都变成了墨黑色。我问大姑，这样的红薯叶还能吃吗？大姑说，正是因为经了霜，红薯叶才味美，这就好比人不经事不能成长一样。

大姑的话云淡风轻，我却听出了言外之意。最令我痛心的是，大姑在跟我说完这番话后的第三个月因为一次意外，永远地离开了我，在她弥留之际，还摸着我的头对我说，孩子，以后大姑不在，没有人护你了，孩子，以后你会经历许多左右不了的事情，你会为难，但你会逐渐成熟，好比是经霜后的红薯叶。

大姑走后，我一改往日的顽劣，沉稳多了，此后的岁月，我常常遭遇磕绊，也偶尔碰壁，在惨痛的现实面前，我每想流泪，眼前总会浮现大姑带我采摘红薯叶的影像，眼泪在眼圈打转儿，但我想方设法不让它掉下来，因为我知道，我在经历宝贵的风霜。

★ 点 评

第一人称讲述，是本文的力量源泉。转述总给人感觉缺少力量，自述才显得具有说服力。本文以"我"的蜕变，体悟成长，感知岁月还需历尽风霜，把"一个人的摔打"写得发人深省。其实，写作文，别忘了，"我"就是最好的素材，无须东觅西寻，素材就在身边。

那些雅骂

作家心语：优雅盛开的方式，其实不止一种。

沈复这个清人也确实有意思，把夫妻相处之乐写成了《浮生六记》，尽管目前只存四记，仅仅这四记，也温情毕现了。

《浮生六记》里，有这么一段沈复和陈芸之间的对话，令人看后发笑。笑后又有所感。

陈芸刚刚嫁到沈复家来的时候，平日里闷闷不语，很少说话，沈复就时不时撩拨一下陈芸。通过观察，沈复发现，陈芸喜欢吃臭豆腐，还喜欢吃虾卤瓜，而这两样食物，恰是沈复最讨厌吃的。

看到陈芸这般另类，沈复就打趣陈芸说："狗没有胃所以才会吃粪便，因它不知道脏臭；屎壳郎把粪团成球才能像蝉，是因为它要修炼到能够高飞。你是狗呢还是蝉呢？"

沈复原以为妻子听了这话会恼火，哪知道，妻子不仅不恼，反倒心平气和地说："我爱吃臭豆腐是因为它价钱便宜而且吃粥吃饭都可以就着它，我小时候吃惯了。如今我到了你们家已经像是屎壳郎变知了了，还喜欢吃它，是因为我不忘本呀。至于虾卤瓜的味道，是到了你家才尝到的呀。"

一句话，让沈复陷入沉思，稍后即乐了。笑着说："你这不就是说我家是狗窝吗？"

陈芸也觉得自己这么说有些尴尬，赶忙解释说："粪便家家都有，关键在于吃与不吃的区别而已。就好比你喜啖蒜，我也就勉强吃它。臭豆腐我从不勉强你吃，虾卤瓜你可以捏着鼻子尝尝，吃进去就知道它是美味了，这就像钟离春一样，相貌丑陋而品德高尚。"

沈复这个人也真够逗的，竟然张嘴来了这么一句："你是想邀我也做狗吗？"

换成别的女子，也早该火冒三丈了，陈芸却很平静地说："我已经做了这么久，你也该做一下了。"陈芸边说，边夹着一筷子虾卤瓜放到沈复口中，沈复尝了一下，竟然觉得很美味，很好吃，从此，沈复一发不可收拾，竟也爱上了这种吃食。更甚之，沈复不仅吃了虾卤瓜，竟然还把臭豆腐和虾卤瓜拌在一起吃，美其名曰"双鲜酱"，沈复的改变，也真够鲜见。

对于沈复的这种改变，陈芸总结说："情之所钟，虽丑不嫌。"

夫妻闺房之间的骂闹，也好比这臭豆腐和虾卤瓜，虽然听起来浑了些，仔细想想，都没必要太介意，甚至还让人觉得挺有意思。沈复用自己的笔原样复制了自己的生活，这样的骂闹，看似胡扯，其实，也不妨被列为"雅骂"吧。

点 评

对话式样的写作，有时候更能吸引人的眼球。尽管本文是在陈述一则故事，但在技巧上也可见一斑。边陈述边解答，最后一句话升华，好似一记响亮的爆竹，在读者的心中轰然炸开，有了与众不同的效果。

人生且笑笑，愉悦自己，感染他人。

看好与好看

作家心语：若要别人看好，必须把自己打扮得好看。

我高三升学考试失败后，遭遇了生平以来的最大打击。邻居的挖苦，父母的批评，同学的奚落，我心如刀割，我把自己的"遭遇"写成了一篇散文，投给了当地一家晚报社，在稿子里，我豪言壮语，一定要发愤图强，以我的实际行动证明自己原来可以这样优秀，让那些当初"不看好"我的人狠狠扇自己的嘴巴。

稿子投出去后，编辑很快回信。信的内容让我羞赧得无地自容。编辑说："之所以那么多人'看好'花朵，是因为花朵自身长得'好看'，而不是别的，你看那些幽谷里的百合，尽管无人问津，慢慢生长，丝毫不介意自己的寂寞，你再看那些路旁的小花，也不因遭人鄙夷而拒绝开放。我们每个人都是独一无二的个体，拥有别人无可比拟的优秀，而这些优秀只给我们自己看就好了，不要给自己的优秀强加过多的砝码，否则，你的优秀会压弯你心灵的腰杆。"

那一刻，我懂得，忘掉外界的一切干扰，我才能平稳走过"高四"，无压力、无负担地完成我的高中"涅槃"。

卸下流言蜚语对我的心智侵蚀，"高四"像一座港湾，我安宁地在其中度过复读的岁月，第二年九月，我顺利登陆了大学的码头，开始了崭新的生活。

上了大学以后，才发现新的烦心事又来了，由于我上学较晚，再加上初中两次、高中一次复读之后，年龄偏大，竟然和辅导员的年龄一般大，在班会上，我被发现和辅导员同龄之后，简直想挖个坑让自己跳进去。

这还不算，我学的是艺术类专业，兼具部分表演课，生性内向的我对表演并不擅长，常常遭遇无人愿意和我分在一个组的窘境，背地里，同学们都称我为"副辅导员"，我明白，他们是在年龄上把我看成"大龄人"，与他们有"代沟"，所以，平日里也不愿意与我交往。就这样煎熬我的大学生活吗？我很痛苦。

我把自己的烦恼写到了微博里，埋怨自己为什么就像一本笑话书，生下来似乎就是为了遭到大家嘲笑的。

三天后，我的微博上有人留言：与其满腹酸楚地"埋怨"，不如掉转心情的船头，满心欢喜地"还愿"，赶快向着美好的明天许下一个甜蜜的誓言吧！

大学四年，我把所有的精力都用在了写作上，后来，发表的一大摞作品帮助我顺利地找到了工作，专业之外，稿酬还让我有了一份不错的经济收入。

如今，我坐在窗前写下这些文字，只想与你分享：与其要别人看好，不如自己活到好看；与其要别人好看，不如自己看好自己。

你说对不？

点　评

有时候，考场作文，对于一些字眼的"玩味"，会让一篇作文变得妙趣横生。本文以"看好"与"好看"二词为出发点，阐释了两者之间的关系，通过相互辨析，感悟别开生面的人生哲理。仔细琢磨，有时候，在一些作文的句段上，也不妨借鉴一二。

此文给人的告诫还有：强按牛头不喝水，掉转船头达彼岸。

洞烛幽微，才能洞若观火

作家心语：爱过敏，才能爱过火，才会盛放得璀璨。

小时候，看见走街串巷的补锅手艺人，每每在给钢精锅换了底之后，都要沿着旧锅与新底的结合线上涂上一层石灰。一开始我总不解其意，问老手艺人，才知道，这是一道"弥合线"，抹上这样的石灰，就不怕从这个地方渗水了。

我二叔是个木匠，我喜欢看他做桌椅板凳的样子，虔诚、认真，像是在潜心打造一件工艺品。我看二叔每次做好了榫子，凿好了榫眼儿，用锤子把它们组合在一起之后，榫子上还要另外用凿子再劈开一条缝，然后削好一块尖尖的木块揳进去。二叔说，这个尖木块就是"楔子"，也被称为"寨子"，目的是让榫子和榫眼儿咬合得更牢靠。

我不知道把作者比作匠人合不合适。我总觉得每个人的生活不可能一直鲜艳可人，遇到了斑驳的岁月，我们也需要一些"弥合线"和"楔子"，以抹平生活的创口，这样的"弥合线"和"楔子"就是作者的文章。

书写是作者的生命线，也是作者的原动力。书写可以增加一个作家的成就感和自信心，也可以营造一个作家洞烛幽微地体悟人文、人性关怀的勇气和氛围。

《世说新语》里，把嵇康醉酒仰卧的样子说成是"玉山倾倒"。其实，作者在给一篇文章画上圆满句号的时候，也像是垒出了一副多米诺骨牌，从某一块骨牌敲下去，哗啦啦，才思如"玉山倾倒"，流泻一地的成就感。

多米诺骨牌是一块推着一块跑，作者也总是被上一篇文章推着赶往下一篇，然后是第三篇、第四篇……第N篇。其间，清脆的撞击声，是一个写作者灵魂的快慰，所有的多米诺骨牌倒下来，叫好声或批评声就是读者的回应。

生活中，不能拒绝阅读，阅读以开阔视野；生活中，也不能拒绝创作，创作以拔高眼界。其实，在阅读和创作之外，我更在意的还是记录，记录下点滴的温存，以弥补旧路里的缺憾，记录下点滴的感动，以供我们在前路上取暖。

我们需要的是更牢靠的生活，牢靠生出安稳。现世安稳，岁月静好，这对于作者就是莫大的幸事，安宁是一个作者的厚土温泉。

作者总是"爱过敏"，因为，一个人，只有在琐细的生活里"洞烛幽微"，才可能在繁杂的世事里学会"洞若观火"。

点 评

典型的递进式标题，益处是很具说服力。街头巷尾的见闻，读书里的字句打磨，多米诺骨牌效应，一篇小文传递给人的知识量之大，概述的意义之深远。颇值得借鉴和玩味，若是此篇为考场作文，阅卷老师势必会欣欣然。

做一个有心人，才能做一个受到灵感青睐的人。

给暗夜一管口红

　　20世纪80年代，是我家经济比较拮据的时候，父母拉扯着我和妹妹，住的是土屋，墙上糊的是不知道哪年哪月的报纸，吃的是令现代人艳羡的"五谷杂粮"……那个时候，似乎全世界都不怎么华丽，灰蒙蒙的一片，像极了一幅年代久远的海报，脱色到斑驳。即便在这样的日子里，母亲从不忘给这个家以花样百出的修饰。

　　印象中，母亲会从拮据的生活中抠出一部分钱来，去市面上买一张红色绣着牡丹的被面，铺盖上去，母亲说，这样，我们就有了华丽温暖的日子。农忙归来，她还会顺便从田间捎回来几个红萝卜，用一个不削皮，直接做凉拌菜，剩余的几个，挂在门头，给家一些喜悦的氛围。远远地望去，整座土屋喜上眉梢。

　　那些日子，母亲做馒头都不随便地盘面，而是用白面和杂粮面分开和，然后交叉着叠在一起，做成"花卷子"，这是我们皖北地区一段岁月的记忆，也是来自皖北乡间淳朴的浪漫。做"花卷子"要多麻烦呀，光盘面就需要个把钟头，而母亲每一次总是乐此不疲。

　　那些日子，没有烟花，甚至过年过节的时候，大盘的炮仗也很少燃放。每到初秋的时候，父亲就会想方设法"补救"我这样爱玩的孩子。那时候，乡间多种梧桐，梧桐树上接着一种土称"痒痒毛"的球状果实，其实，应该是梧桐果，梧桐果快要成熟的时候，父亲会从树上够下来一些，把他们浸泡在煤油里，晚上的时候，拿出来几颗，用火柴点着一颗，在手里抛上抛下，看着火球在空中飞舞，我们的脸上露出笑容，父亲也手舞足蹈得像个孩子。

父亲是个赤脚医生，也懂中医。看到别人家的孩子很多都报了兴趣班，学绘画，学书法，父亲买不起颜料，常常奢侈地从药柜里拿出来一些朱砂，让妹妹在白纸上画最艳丽的芍药花，多年后，妹妹的这些手稿还被父亲珍藏着，直到妹妹出嫁，妹妹自己都说，那是童年记忆里最奢侈的作品，也是当今最好的嫁妆。

时光更迭，人事易改，一切都朝着好的方向去努力，一切都向着幸福的方向去发展。物质改变了我们的生活，却让我们变得也物质了，生活改变了我们的情况，却也消磨了我们的情趣。直到多年以后，我仍记得那些尴尬的日子，还有那些尴尬日子里的火焰青春。那是属于父亲和母亲的智慧，也是属于他们的浪漫。

他们用自己金色的心灵，朱砂一样地晕染着我们，也晕染着岁月。

这么多年以来，人类早就从黑白影像走向了彩色影像，这还不够，还要玩3D影像，但是，不可否认的是，在生活的角落里，在某些时刻，我们的心境时不时地还要出现在暗夜里，这时候，我们该怎么办？我觉得，我们不妨给自己备一管口红，当暗夜的幕布拉开的时候，我们就在这块大幕上，留下鲜艳的唇印。

点　评

以"暗夜"暗喻生命中诸多艰涩的岁月，以"口红"暗喻生活中的一种明媚的信念。给读者传递的是一种朱砂一般火红的信念。比喻是文采之魂，巧妙地使用比喻，并不在多，而在于贯穿。把修辞的意境贯穿到整个文章之中，读起来才有浩荡之气。

写作终归是一件寂寞的事

莫言说，一个作家最好的状态是独来独往。

屈指一数，写字已有十年，十年间，我栽了不少跟头，有了一些微不足道的小名，内心曾经激荡过，在我发表处女作的时候，在我刚出第一本书的时候，在我加入中国作协的时候。但是，回头来看，所有的激荡都要恢复平静，所有的激荡都那么可笑，因为，写作终归是一件寂寞的事情。

古人言：书中自有黄金屋，书中自有颜如玉，书中自有千钟粟。

或许有，但写书的人未必有，出版商才有。

想求名，别写作。因为那样还不如花些钱财，从网上找一家文化公司给自己炒作一下，这一炒，你就成"红烧肉"了。

想求财，别写作。依照当下的稿酬，企图通过写作来发财，恐怕只属于极少数人的事情，多数的写作者勉强只能在温饱线上刨食。

想出风头，也别写作。写作是一种隐忍的工程，太高调，写不出来东西，太爱凑热闹，灵感也总被雨打风吹去，因此，还是安分一些好。

写作是什么呢？

我一直觉得，写作就是安在当下，用文字领舞内心。这一刻，你是禅定的，这一刻，你就闭关了，这一刻，你刀枪不入，这一刻，你闹中取静。

撇开一些不必要交往的人，抛开一些你不必纠缠的事，无论何时何地，你以超级自我的内心驱赶着你的思路倾吐下去，记录下来，这就成了。

写作，甚至不应该计较发表与否，是不是会有人看，毕竟，太功利的写作如同戴着镣铐跳舞，哪里得自在。

不要想着去签售，除非你已经大红大紫到妇孺皆知，否则，你只会徒增烦恼。我们毕竟不是明星，没有必要作秀，也不必要因为卖两本书就去摇着别人的下巴乞讨，事实证明，实力强悍的，别人会偷偷喜欢你，压都压不住，实力不行的，你压着别人喜欢，别人还要反过来骂你。

写作不应该有章法，随性书写，这是文字的原生态，也是心灵的原生态。

命题作文属于应试教育，我们的写作不该常常命题，那样就被别人牵着鼻子走，跟在别人屁股后面闻味儿吃土，我们应该飞扬起来，驾着自己的马车驱驰在心灵的疆场。我才是最疯狂最无畏的战车，只有我。

写作终归是一件寂寞的事情，你不寂寞，你的文就要没落，你肯寂寞，你的文也未必在别人心里有着落。话又说回来，本着寂寞的心做事，我就是我，与别人何干呢？

我一直喜欢海桑的话：别再关心灵魂了，那是神明的事。你所能做的，是些小事情，诸如热爱时间，思念母亲，静悄悄地做人，像清晨一样清白。

是的，像清晨一样清白。我说这些，如果你现在或者经历岁月的淘洗后你懂我，就会明白，我说这样一席话，不是清高，而是清醒。

✦ 点 评

　　本文以写作暗喻生活中的诸多事物。讲述"唯有耐得住寂寞，才能开得出花朵"这样一个道理。单纯来看，是在说写作，其实，推而广之来看，适用于太多的事物。古人言："古来圣贤皆寂寞"，为什么要寂寞，不甘寂寞，就要自甘堕落。足见，明理，对于一篇作文的重要性。

　　留一段清醒给自己，就开启了人生的清晨，晤见了人生的朝阳。

第2辑

成长如蜕

在青春的树林里，我们每个人都是早起的少年，露珠和朝阳沐浴我们成长，树干上的蝉蜕、叶脉上的蝴蝶常常会幻化为我们心灵的图腾，成长如蜕，我们振翅飞翔的瞬间，成就自己不褪色的青春轨迹。

碰青了鼻子别害怕

作家心语： 碰青了鼻子别害怕，伤疤落尽我们长大。

小时候，读过一篇童话，颇为励志：在一个小小的国度里，有一位智慧的阿婆，她能种出各种各样奇异的花草，有的花草能治愈胆怯，有的花草能治愈伤痛，有的花草能抹杀恐惧。许多受了伤的人都喜欢往阿婆家里走，阿婆终日在篱笆边看着，见到来人就摇手说，回去吧，回去吧。来的人以为阿婆不愿意帮助他们，都很气馁，阿婆说，你一遭遇，我就给你治愈了，白白浪费了这次伤痛，是花朵也要等到春天开，到了春天你再来……

大家知道，童话是写给孩子们看的，其实，成人们也能从童话里找到自己的影子。

提到"受伤"这个词，多半在我们脑海里接踵而至的是"青春"。出版人、作家一草写过一本书叫《青是受伤，春是成长》，描绘了一群受过伤的年轻人，面对不堪的经历，他们如何找到坚强，如何给伤疤挠痒，如何让心灵涅槃，让心智成长。

青是受伤，春是成长。这是一个很好的书名，涉世之初的年轻人难免碰壁，难免会遭遇生命道路上的沙石袭击，难免会因自我保护意识不强而遭受打击，生命的航道不单单只有风平浪静，当我们离开了父母的港湾，独自成长，独自流浪的时候，浊流和鲨鱼难免会弄伤我们的心灵，这时候，年轻的我们如何实现心灵的突围，如何筑牢自己的心灵防线，这是处在青春期的年轻人都在思索的话题。

　　谁都知道，青春，是生命之春，它作为生命这篇散文承上启下的一部分，起着至关重要的作用。如果你的青春有了污点，你能否找到一块智慧的橡皮，把它擦掉，然后，忘却烦恼，重新走向自己的妖娆？

　　青春是残酷的，它对于每一个人只能经历一次，且没有人可以帮助你走出这片泥沼。

　　青春又是唯美的，它给我们提供了许多可供回味的记忆，以及许多可供憧憬的梦想。

　　青春是一串酸葡萄，别急着吃，以免倒牙，等葡萄熟了，把糖分储足了，再下口不迟。

　　等待中会有苦楚，等待中还可能遭遇我们想象不到的不测。这些都是命运的安排，这些都是灵魂的考验甚至是拷问。

　　谁能在青春期倔强而立？谁能怀揣着创可贴走过弱小青春的茫茫荒原？谁能化流泪为赞美？谁能化伤痛为主动？这些，都是我们需要探讨的命题。

　　我的信箱里经常收到很多青年学生关于青春的"棘手问题"，面对这些问题，我总会用一首蹩脚的小诗来回复他们，但愿他们能够读得懂——

　　青是鼻青脸肿，春是万物萌动。

　　不怕青涩不怕年轻，再上路，总有无数个可能。

　　一路走来的我们，哪个没有伤？

　　碰青了鼻子别害怕，春天啊，还有繁花。

点　评

　　本文由一本书说开去，阐述了青春的躁动与诗意，苦涩与煎熬。用一首诗来压轴，升华了文章的主旨。是的，"春天呀，还有繁花"。李大钊说："青春是人生的春天。"在这样的春天里，读这样的文，心中萦绕的是满满的暖意。

第一次少年游

作家心语：青春仓皇转身，最亲的那个人总会在背后为你默默收拾残局。

上了火车，我还在哭泣，从兜里掏纸巾擦鼻涕的时候，突然发现一张纸条：孩子，别怪你爸，他也是为你好，记得，第一次洗衣服的时候跟我说一声。

我一个人出门旅行之前跟父亲吵了一架，原因是，父亲说，家里经济拮据，实在拿不起2000元供我去云南。而我，却一心想着云南的晴天丽日，想着回来后，写一些文字留给自己的青春。于是，旅行前夜，我和父亲闹掰了，他只甩给我500元钱，还有一句话——就这么多，剩余的想都不要想。

我才16岁，哪里有什么经济来源。我也能理解，父亲找了这么多借口来阻止我，无非还是关心我的安全，所以，快天亮的时候，他走进我的房间，抽起了烟，直到烟味把我从梦里呛醒，他说，要不，我陪你一起去吧，路上有个照应。

我把头别过去。父亲掩上门，出去了，窗外霜色重重。

我真的到了大理，拿着父亲甩给我的500元钱，真到了那里，才知道开销这么大，最便宜的宾馆也要80元一夜，何况还有旅游景点，三天不到，我身上就只剩20元了，连买返程的车票也不够了，我拿起电话，几次想拨出去，又挂断了。

第三天的晚上，母亲给我打来电话，问我洗衣服了吗？

我有气无力地说，没有。

母亲让我打开衣裤的夹层，我带着疑问照做了，打开以后，才发现里面有一个硬邦邦的补丁，拆开补丁，里面紧紧地裹着一沓通红的钞票，打开一看，整整2000元。

我眼泪簌簌地流下来了，母亲说，之所以上火车时没告诉我，是怕我立即把那些钱拿出来，怕路上不安全。她又唯恐我洗衣服的时候把那些钱洗烂，所以，用一张纸条叮嘱我。我拿着这一沓带着体温的钞票，决定出去吃个晚饭，然后去车站买票。

在售票厅门口，还没有进去，就发现一个熟悉的身影，拎着破旧的帆布包，没错，那个人正是父亲，他骗母亲说出去做事，实际上，是放心不下我，急匆匆地赶来了……

那是我第一次少年游，此去经年，回首当时路，才发现，那时年少倔强，而父母，却默默在我身后，为我收拾一地仓皇。

点　评

> 　　类似于"小小说"的文体，写的是"我"的叛逆和任性。第一次远游，就让"我"明白了这么多，收获了这么多。少不经事，总要走一些弯路，父母在岔道口等着我们，为我们抹干眼泪，并用一个微笑、一个眼神鼓励我们重上征程。本文中流淌着浓浓的暖意，这股暖流，也一定滋润了万千人的心灵。

半边月也能给你们温暖

作家心语：别嫌我是半边月，月圆又有多久，月缺我是主角。

2011年的冬天特别冷，唐昭军带队到肥西参加教育局组织的乒乓球比赛，谁也没想到，回来的路上竟然遭遇车祸，导致其左腿胫骨平台粉碎性骨折，他很快被送到医院治疗，病床上的唐昭军心急难耐，一边打着点滴，一边嫌弃自己恢复得太慢，唐昭军带的是毕业班，他自知学生们的成绩一刻也耽误不得，终于等到出院，唐昭军迫不及待地出现在讲台上，此刻，他却把严肃的医嘱抛到了脑后。拄着双拐给学生们上课，在黑板上奋笔疾书。

带着两个班的化学课，唐昭军通常几节课下来，就累得不行。双腿的关节处也开始隐隐作痛，唐昭军咬牙坚持，常常一节课下来，额头上都是汗珠。当时，他误认为是腿部的钢板、内固定等附加物造成的。可是，一年过去了，取下钢板之后，唐昭军依然不能正常走路，又强忍了一段时间，终于忍不住了，他只得在同事的劝告下，到医院去看看。

这一看不要紧，唐昭军头都大了，原来，由于唐昭军无视自己的病情，导致左腿胫骨平台塌陷，这可是件棘手的事情，必须马上手术修复，否则会终身瘫痪。面对医生的诊断，唐昭军哭了，难忍的疼痛没有让他落泪，想到再过两个月，学生就要中考了，这时候他若住院，岂不是误人子弟，他泪如雨下。

一旁的父亲明白儿子肩上的责任远远要比腿上的病痛重要得多，已然78岁的老先生再次拎着教科书走进了教室，他要替儿子完成这两个月的教学任务。父亲是资深化学老师，唐昭军当时也正是因为受父亲影响才当了老师。

就这样，起早贪黑不顾辛苦的父亲完完整整地帮儿子完成了最后两个月的教学任务，当年中考，唐昭军所带班级有5人考了700多分，18人考上了省级示范高中。这个成绩在农村偏远学校是很少有的。

很多班里的学生提及他们的"父子"老师，都说，是他们用自己的坚强和爱，给了我们力量和温暖。

这是一个真实的故事，故事的主人公唐昭军就是安徽省合肥市肥西县界河中学化学老师。如今，唐昭军终于再次回到教师岗位上，拄着双拐，他接受媒体的采访时，深情地回忆起自己当年高考报志愿时的场景。当时，他执意要报警官学校，是父亲强行让他报考师范学院的，此去经年，三尺讲台上的诸多春秋终于让他明白了父亲当年的良苦用心。

有人看到唐昭军的事迹，写了这样一首诗，很能表达一位师者的爱与责任：

我是被风吹折的树，

也可带给你们以阴凉；

我是受伤的半边月，

也要带给你们温暖……

⭐ **点 评**

一个新闻事件，记录成一篇小品文。第三人称的记述，冷静低温的叙述，带给这个社会一些正能量。也体现出了一位普通教师的大爱。人生当中，莫怨自己只是小人物，小人物也能给这个社会一些大能量。火种虽小，一样可以燎原。

做一件传世家具

作家心语： 把自己打造成一件家具，倾注专心，足以传世。

我是个比较淘气的孩子，在我还上初中的时候，就闹过辍学。为了让我痛彻后醒悟，父亲把我交给了舅舅。

舅舅是个远近闻名的木匠，手艺好，活头棒，最主要的是干活认真，可以说，经舅舅做出来的桌椅板凳，全都瓷实得很，可以说，让你拿放大镜也挑不出瑕疵来。

然而，舅舅干活也有个"毛病"，特别卖力，特别追求细节，哪怕是拧螺丝钉也要拧出个门道来。

一次，我看舅舅变了个神奇的魔法，他用螺丝刀往一堆螺丝钉里一放，就能吸起一两根上来，然后麻利地放进钉孔。螺丝刀怎可能会吸住螺丝钉？我试了多次，都没能成功。

我很纳闷，在那里一直摆弄螺丝刀。舅舅看出了我的疑问，开腔说，我这个螺丝刀先前是"做了功课的"，你那个螺丝刀是新买的，哪能吸住螺丝钉？

我继续问，做了什么"功课"？舅舅答，这个螺丝刀和磁铁放在一起将近半年了，螺丝刀和磁铁在一起久了，自然会沾染上磁性，所以，吸住一两枚螺丝钉自然不在话下。

听了舅舅的话，我赶忙把螺丝刀在磁铁上划拉几下，哪知道刚刚吸起来螺丝钉，啪嚓一声又掉下来了，舅舅笑了说，你这是洪水来了学游泳，大难临头抱佛脚！做木匠活和做学问有时候是一个道理，你自己悟悟吧。

那天，我思忖再三，还是决定回去上学。交完学费当天晚上，舅舅在我家吃饭，吃过饭，舅舅指着一条凳子对我说，其实，每个人都是一件家具，打得好看不好看，不光取决于木匠的手艺，关键还要看木材的质量好不好，木质好，百年不腐，木质疏松，说不定连个榫子眼都打不成。如果你妄图用一棵杨木做一张床，还要床不塌陷，那怎么可能？所以，如果你不想今后松垮得提不起来，现在就要振作，精心地做最好的你，这样的话，你也能成为一件传世的"家具"。

那天，我感觉舅舅已经不是木匠，而是一位哲学家，那晚，我也似舅舅的一件家具，在他刀斧的雕刻下，逐渐立起来，生命逐渐有了坚强的轮廓。

后来，我经历过复读，择业，换岗等诸多人生难题，每当我想要打退堂鼓时，总想起舅舅的那样一席话，立马感觉到，舅舅在我的信念上揳下了一根钉子，我即刻精神起来，往前走，舅舅的话语像阳光，把所有阴影都甩在了身后……

每个人都可以做一件传世的家具，关键是在你还是树苗的时候，有人为你"醍醐灌顶"。

★ 点 评

　　通过一个真实事件，来解开生活中的"谜团"。舅舅是个木匠，也好似生活的哲学家。他是在雕琢一件家具，其实，第一人称的"我"，也成了他的一件家具。教育的家具。

　　人生路上，那些适时给你点拨的人，犹如在困惑时给你当头棒喝。遇到了这样的人，我们一定要珍惜。

你给的温暖

作家心语：父亲的心，好似一只火炉，不离不散，永燃心间。

在家的"篇章"上，几乎每个人都与"严父"劈面相逢，继而，叛逆的青春"剧情"里，矛盾冲突得像两头鹿，在用情绪的"触角"彼此较量。

严父如铁轨，就是那个驮着我们小小身躯一路疾驰的人。而大多数的少年，都要面临着人生的岔道口，于是，从严父的背上远去，唯有静默的铁轨目送呼啸而过的小火车远去，他们只伏在原地揣测摩挲你的气息。

严父的肩膀厚实如铁，却又温暖如春。我们怀揣着父亲肩头的暖意踏上征程，一路上，难免会有冷风，难免会碰壁，不知天高地厚的我们在遭遇现实的"冷冰冰"以后，蓦然想起父亲肩头的温暖，一股青涩的泪水决堤而下，冲垮了内心深处那道倔强的防线。

小时候，总觉得父亲是一首晦涩难懂的诗。渐渐成长，会稍稍了然一位父亲的苦楚和孤寂，当自己有了子女，会渐渐懂得父亲的不易。表面上看，父亲是一座固若金汤的长城，殊不知，父亲的心地最软，尤其是见不得子女受委屈，一旦发现子女受了不公，便义愤填膺，拍案而起，抚摸着子女的伤口，眼泪比一个孩子还丰富。

有人说，母亲的怀抱很暖。其实，父亲恰似一座火炉。暖的时候，恨不得融化你在他爱的手心里。

　　那个身躯逐渐佝偻的父亲，也许在很多时候，你都觉得他是中规中矩的模具，其实，当他得知你幸福了，心内活泼的火山也会常常喷发。

　　严父，在多少个日日夜夜，常常被误读。所以，如果你现在懂得父亲的良苦用心，就把父亲当成你的小楷，怀揣一卷徽宣抱住父亲。

　　你给的温暖，一直都不曾走远。

★ **点　评**

　　一篇散文诗式的短章。赞美了世间父亲的浓浓爱意。本文通过说理，言明了"严父"的良苦用心，也通过对比等手法的运用，向我们铺开了"父亲"这副"厚重山水"的图景。父亲的爱是山河挚爱，我们是他肩头上的一棵松，甚至是一粒果。成长了，切莫丢下孝道。

别把自己的马儿策得太快

作家心语：谦和的马匹永远跑得最慢。

隋炀帝登基之后，不止一次在殿上说，很喜欢孟之侧这个人。孟之侧是谁，隋炀帝为何这般喜欢他？

《左传》记载，鲁哀公十一年，齐国和鲁国交战，鲁国败退，鲁军撤退，而作为统帅，孟之侧却策马走在最后面，等待所有将士都到达安全区域后，他才策马抵达。进入城门的时候，有人惊呼，统帅怎么如此舍己为人。孟之侧诙谐地说："不是我不愿意跑快呀，只因我的马跑得太慢了，无论我怎么鞭打它，它还是这么慢腾腾。"

一位统帅，没有好马，谁信？孟之侧这么做，无非是不愿好大喜功而已。所以，隋炀帝才这么推崇他。

在隋朝，有个名叫牛弘的人，可谓是隋朝的"孟之侧"。牛弘贤能，且很博学，但他从不在别人面前显露自己的才能，凡事最懂"藏锋"。隋炀帝最喜欢他，经常邀他同席就餐，即便如此，牛弘依然故我，从不张扬，坐最破的车，穿最旧的衣服，从不倚强凌弱，同僚之间也无不说他是谦谦君子。

隋炀帝时期，有个和牛弘一样贤能的人，叫薛道衡，也一样博学，曾经在隋文帝时期就做过内史侍郎，在隋炀帝登基以后，薛道衡为了显示自己的博学，给隋炀帝呈上了一篇文章，名曰《高祖文皇帝颂》，当然了，此文写得诗情恣肆，不可谓不是一篇好文。但隋炀帝收到此文之后，就扔到了一边说：

"空为文采，毫无内质"。薛道衡很不服气，仍不知收敛，一副"老子天下第一"的做派，后来，有大臣向隋炀帝吹风说："薛道衡，自诩文章天下第一，把皇上您也不放在眼里。"隋炀帝一听，这还了得，加之他本身就暴虐，立时下令命薛道衡自尽。当时，满朝文武，竟没有一人为薛道衡求情，你说薛道衡是怎么为人的？

同样文采斐然，同样博古通今，为何牛弘飞黄腾达，而薛道衡却惨死，恐怕与两人的心性不无关系。如果把朝代比作坦途，牛弘只是谦逊地举起自己的鞭子，谦恭地甘居人后，不争不逐，而薛道衡正因把自己的鞭子举得太高，策马太快，目空一切地绝尘而去，才陷入孤立无援的境地呀！

有才别恃才，恃才别傲物。这是千古醒世名言，而历数古今，却总有些妄自尊大的人不懂得收敛自己的锋芒呀！

点 评

《左传》里一篇耐人寻味的故事，揭示了生活中"低调做人、高调做事"这一道理。作者把这个故事陈述出来，并巧妙地向世人展示：有才别恃才，恃才别傲物。"傲"这个字，除了和"骨"相搭配，其余的字眼全都俗气。

饿了就回家

作家心语： 饿了就回家，心伤了就找妈妈。

几乎每个人都有过这样的经历，当我们还是小孩子，饥肠辘辘的时候，挎着书包，拎着篮子，或是空着手，从学校，从田里，从户外，拼命地往家跑，家里的餐桌上摆满香喷喷的饭菜。

也几乎每个人都有过这样的经历，险些跌倒的瞬间，受了委屈的时候，伤痕累累的岁月，都即刻想起母亲，希望走到母亲身边，或是给母亲打个电话，倾诉一下自己的心伤，让母亲的话或怀抱宽慰一下自己的心灵。

朋友写过一首诗：

家是大树，

我是树丫丫里蹦出来的娃。

在家时如树懒在树上倒挂，

离家时像树根走了千里，

在别地拱出来一个芽儿。

悠悠岁月，游游旅人，

无论年龄有多大，

到头来还都一样——

饿了就回家，

心伤了就找妈妈。

多纯粹的一首诗。像是刚从土里"拱出来",朴实而温馨。

对母亲,我们总不会遮遮掩掩,总是和盘托出,说给母亲的话,我们总是不掺杂丝毫添加剂,为母亲做的事,我们总是真心实意,不添加一丁点儿的假。

母亲对我们,也总是十二分付出,盈盈牵挂,掏心掏肺,恨不得把自己的生命也往里面搭。无怨无悔,一生都在对儿女做着爱的加法。

饿了就回家,心伤了就找妈妈。谁人不曾在母亲的关怀下长大,哪个母亲不是对孩子心细如发,眉间心上放不下。

做儿女的,我们不管何时何地,都需谨记:无论走得再远,不要忘记从哪里出发。

⭐ **点 评**

　　一篇杂志卷首语式的文章,个中透露着童趣。句段之间,鲜活清新,时时处处透露着哲思与亲昵。"母亲"是亘古至今一直在写的主题,本文在其中罗列了诸多经历,让人身临其境地感知母爱的伟大。

付出得多，才不易放弃

作家心语： 扛得住压力，才能挣得来奇迹。

草原上，两三只猎狗逮住了一只年幼的野猪，它们把野猪拖到草丛里，正待大快朵颐的时候，突然蹿出来一只猎豹，吼了一声，吓跑了所有的猎狗，美美地享用起来唾手可得的野餐。不远处的另一片草丛里，那两三只猎狗傻傻地立在那里，不肯离去。

是对自己的猎物不舍吗？动物学家们说，猎狗这样做，更多的是对它们辛苦付出的一种凭吊和目送。

我认识一位蹩脚的书法家，苦练书法三十余载，到头来，也只是一个市级会员，名家看了他的作品，都认为他勤奋有加，但悟性不足。劝他尽快改行，他含泪丢掉了自己的狼毫和羊毫毛笔，甚至砸碎了自己的砚台。可是，还不到半年，书法家又买回了更好的毛笔和砚台，下了比从前还要多许多倍的功夫来练，终于有一幅作品在全国大奖赛中获得金奖，还成为了国家级书协会员，省书协理事。

面对媒体的采访，他感慨良深地说："如果当初我仅仅是练习书法三五年，我就放弃了，可是，我练了30余年，我不容易呀，也正因为我贪恋自己的付出，才最终迎来了自己的杰出。"

我还有个朋友，是做净水器生意的，一直做得不死不活。公司上不了规模，也坏不到哪里去，面对如此高不成低不就的尴尬境地，他老婆主动出面在背后推了他一把。他的老婆逢人就说，自己老公要打造国内一流的净水器公司。很快，亲戚、朋友，昔日的同学、老师，现在的邻居都知道了他的"志向"。为了完成这一愿景，让梦想成真，他不得不夜以继日地研究销路，策划活动。后来，在一次订货会上，一家上市公司向他抛来了橄榄枝，一次订购了他一年的生产量。从此以后，时来运转，他的事业一发不可收拾，如今，我这位朋友净水器的销量已经攀至业界的头几把交椅。

回首往事，他说，多亏老婆给他事业的天平上不停地添加砝码，要不，他早就全身而退了。

冯仑说，为什么一个老板再难，也不会轻言放弃，而一个员工做得不顺就想逃走；为什么一对夫妻再吵有再大矛盾，也不会轻易离婚，而一对情侣常为一些很小的事就分开了。说到底，你在一件事、一段关系上的投入多少，决定你能承受多大的压力，能取得多大的成功，能坚守多长时间。

从动物到人，都在向我们表明：扛得住压力，才能挣得来奇迹。这是事业打拼的箴言，也是每一个创业者需要谨记的智慧。

点 评

这是一篇哲理散文，也可以被看成是一篇说理论文。作者列举了诸多事例和名人名言，旨在阐释"付出得多，才不会轻易放弃"这一道理。说理透彻，论点明晰，论据充分，是一篇难得的正论文。本文让我们明了：压力大不是坏事，这样可以让我们走得更远。

不在昨天的事情上纠缠

> **作家心语：** 不在昨天的事情上纠缠，不要让昨日的落潮
>
> 泛滥了今天的河滩。

许多人都喜欢在昨天的事情上纠缠：拘泥、固执、死硬、不开化，放不下。

时光不是压缩饼干，而是快餐，消化不了昨天，就吃不下今天。

人世不是河源，用往事夹出来生命的两岸，永远不变的是变化，昨日的码头再好，驿站再悠闲，我们也要时刻铭记再出发。

往事的秧苗已然塌架，旧时的藤蔓已然枯萎，昨天的诸多事件，犹如粉尘，不经心灵筛子的过滤，被我们反复吸入，我们患了心灵的"尘肺病"。

给忸怩不安的昨天松绑，给冥顽不灵的昨天开化，给纠缠不放的昨天释放，给固步自封的昨天解锁。

昨天的鸡毛蒜皮、琐细微粒，今朝重拾有何意义？

昨日睚眦必报，今朝宽厚为怀；昨日郁结在胸，今朝涣然冰释；昨天愁云汹汹，今朝破云见日；昨天怨声载道，今朝风满袖笑满袍；昨日恩怨难断，今朝该了就了。无可奈何花落去，落去就落去，还有似曾相识燕归来。

社会学家说，人是社会的动物，喜欢怀旧，但要不落窠臼，开枝散叶。

政治家说，昨天太"左"，明天又"右"，我自安守当下，精耕细作。

诗人说，何必要烧着回忆取暖，春天就在不远处绽放笑脸。

历史学家说，昨天是我的教材，但人不可能一生都在校园度过。

地理学家说，我们瞄准脚下的土地，出发。

不在昨天的事情上纠缠，不要让昨日的落潮泛滥了今天的河滩，不要让昨天的阴云把今天弥漫，不要让昨天的余恨贯穿到今天，不要让昨天的绳索羁绊了今天的门槛。

对昨日破晓，把烦恼驱跑，对今天微笑，梦也醉逍遥。

放不下昨日的苦胆，拾不起今天的绚烂。

昨日雁引愁心去，今朝山迎好月来。

点 评

诗情画意是这篇文章的特点。通过诗句一般的话语，向我们阐述这样一个道理：不要在过去的事情上纠缠。今天的阳光灿烂，明天的土地温暖。本文的鲜明特点就是对仗工整，修辞手法较多，这些，都是高考作文的加分项。通过本文，我们知道，别老在昨天的事情上扭捏，明天的新颜在向我们招手。

遇见你是最美丽的意外

作家心语：每一种错过，总有不一样的风景。

2004年，当我怀着无边的欣喜踏入某艺术院校时，打算好好学一场，然后实现我无限向往的艺术梦想。哪知道，真正进入到该学校，才知道自己来错了，以我的分数，原本可以上更好的学校，而这个院校大都是些广电系统的"富二代"来就读的，回去即可安排工作。

我的这些"富二代"同学，一个比一个摆阔，一个比一个讲究吃穿，对于专业知识的学习，他们丝毫不放在心上，遇到班级里有学习的同学，他们像是见了怪物，啥年头了，还这么苦学？大学就是用来挥霍的……

说实话，那段日子，我真想回去复读，然后重新考一个我心仪的大学。可是，兴趣说服我，让我等等看，有没有爱上这座院校的转机。

脏兮兮的寝室，臭袜子遍地都是，这些所谓的"富二代"自己从不洗衣服，攒下来一个星期的衣服大都拿到门口的洗衣店去解决。遇见我洗衣服，他们说我"娘们"，大丈夫哪有自己洗衣服的，我们生下来就是干大事业的！

真可笑，我当即把瓷盆扔在地上，指着对我说这话的同学说："就凭你，还想干大事业，不靠爹妈养你，你稀饭估计都喝不上。"

话不投机，我们差点打起来，幸好被一旁的同学给拉开了。我至今记得那个同学的眼睛，闪着泪花，像是受到了莫大的羞辱。后来，我发现，他变了，变得也爱捧起书在教室里读，我们俩的成绩几乎在班里并驾齐驱。

以前，我们班级里，除了我之外，全部抽烟，后来，与我发生争执的这位同学也不抽烟了，渐渐地，这种风气来了个急转弯，他们，不知怎的，全都"变好"了，我们班级的成绩在全系也名列前茅了。

不得不承认，这和我与那位同学的争吵有莫大的关系。

以前，我总是埋怨系里给我们安排的专业课少，后来，我逐渐不这么看了，偶有闲暇，我就一头钻进网吧，开始了我的码字生涯，渐渐地，我的文章开始在全国各大报刊崭露头角，我逐渐可以用自己的稿酬养活自己，而不必向家中辛苦务农的父母张口要钱了。

我在班级里，成了大家的榜样。就连辅导员也说，这一潭死水，被我这样一条鱼给激活了。

至今记得大二时上的编剧课，教我们编剧课的是著名编剧黄家佐，他经常用自己的成名作《上错花轿嫁对郎》暗喻人生，他说："人生当中的许多事，一次遇见，有时候终生难忘，不要急于对你所遇见的事物下'对与错'的结论，慢慢试着去了解它，用自己的体温去焐热它，这时候，你会发现，遇见它是最美丽的意外。"

后来，我从这所看似不怎么样的艺术院校毕业后，凭借着出色的专业知识和一大摞文学作品，顺利走进了一家广播电视台的大门，这种机遇，就连许多研究生毕业的人也比不上。

生命是一副塔罗牌，不管我们将要拿到怎样一副，都不要叹气，一副坏牌，换一种巧打法，说不定比一副好牌还要好。

点　评

本文以两个故事来阐释"每一种错过，都有不一样的机遇"这一道理。以故事套故事，文中有文，意中有意。这种结构很新颖，同时，也增强了论点的说服力。当我们青年人遭遇挫折，或者眼前的局面不尽如人意时，不要气馁，说不定惊喜就在前方不远处。

一枚桃红色发卡

作家心语：在生命的不如意处，总会有爱心在悄然凝结。

朋友王珂在河南上蔡县开了一家旅馆，一个秋日，天已经很晚了。匆匆走进来一个人，开了一个房间，背着行囊上了楼。

所有房间都住满了，王珂乐颠颠地在吧台看着下载的好莱坞大片，这时候，服务员下来，说："刚刚走进房间的那个房客可能往房间带了人，一个劲儿地在跟一个人说话，言辞暧昧。"

王珂一听就慌了，按照规定，除了已经登记住宿的人员，是不允许其他人在房间过夜的，况且他开的是小旅馆，有点家庭旅馆的意思，他还怕房客打电话叫了不三不四的人过来。

王珂一边看了一下刚才那位房客的姓名——张克皆，一边借故送开水上了楼。

敲门的时候，王珂果然听到张克皆在跟一个人说话。门开了，王珂进去，发现房间里除了张克皆以外，并没有别的人。

那个叫张克皆的房客好像觉察到了什么，赶忙解释说："老板您放心，房间里就我自己，没有别的人，我刚才是对着一枚发卡说话呢。"

王珂一惊，一身鸡皮疙瘩，心想，这人不会精神有问题吧。

张克皆赶忙解释说："老板，您听我解释，我此次来，是替我女朋友来完成一件事情。三年前，她在这边的一个村子资助了一所艾滋病村的小学，帮助那里的孩子给他们送一些教材和文具。"

王珂一听，面露愧色，赶忙赞叹张克皆的女朋友善良可嘉，并问："为什么不和她一起来？"

张克皆良久不语，稍后抬起头，眼含着泪花说："两个月前，她走了，血癌。临走前，她给了我这枚发卡，是村里小学的孩子送给她的。这枚小小的发卡是桃红色，像是一根接力棒，女友把它交给了我，接下来，将由我代替她来完成这趟一个人的旅行。"

王珂后来回忆说，他听说过那个村子，是名副其实的"鬼不缠"村子，因为世俗的偏见，许多人对艾滋病人有歧视，所以，很少有人愿意与那里的人打交道。王珂冲着张克皆竖起了大拇指，然后从他的房间出来，站在门前，但他并没有走，一股神奇的力量驱使着王珂再次敲开了张克皆的门，他说，明天我能否和你一起去……

点评

一个旅客进店住宿，却在房间与人对谈。出于安全考虑，老板去查房，孰料，却发现那人正对着发卡说话。本文开头悬念迭出，最终，抛出一段温暖的往事，原来，旅客的女友竟然是一位关爱艾滋病人的爱心人士。本文以悬念开始，由一个温暖的故事结尾，传递了正能量。

一个人旅行

一个人旅行，去西藏。

选择西藏，只因这里最能静心。

天瓦蓝瓦蓝，八廓街上游人如织。暮色四合，天边彤云密布，不知道什么时候，豆大的雨滴砸破了一街井然，只剩下一片纷乱。

慌不择路，背着厚厚的行李包走进一家私人旅馆。不大的一家旅馆，前台挤着八九个客人。

老板是个中年男人，听说我也要住店，说："我店目前就剩下一个房间了，这样吧，我问大家几个问题，符合我要求的入住，其余的只能下次有缘了。"

还没要身份证，劈面就问："你信佛吗？"

我说："信呀！"

老板又问："你是一个人来旅行吗？"

"是呀！"

"家中父母还健在吗？"

"是呀！"

"可曾想过在父母有生之年带他们出来旅游一次？"

"想过。"

"那么，为什么不是这一次？"

接下来众说纷纭，是一系列不同的回答：

"父母反对我一个人出来瞎跑，我偷偷跑出来的；

西藏是朝圣地，父母年岁大了，我来为他们祈福即可；

我怕他们有高原反应；

我出发之前光想着自己，忘了这茬儿；

我怕父母影响了我的行程……"

我们正在一一说着，一位年轻人搀着一位老妇人进来："老板，还有房间吗？"

老板不忙回答，只是问："带母亲出来旅游吗？"

小伙子笑着说："是呀，母亲年岁大了，我只想趁她腿脚还灵便，让老人家少一些遗憾。"

老板说："年轻人，请快把身份证给我，我给你开房间。"

人生看似是一个人的旅行，其实，在我们鼓鼓囊囊的行李背后，都有一双双父母的眼睛，所以，如有可能，请一定把这样的眼睛随身携带，让他们的担心变成舒心。

人生是一次旅行，当我们遭遇暴雨狂风的考验时，孝顺可能是唯一的通行证，把我们送到安然幸福的房间里。

点　评

　　本文的特点是段落较短，也多用短句。通过一个旅店的别样规则来彰显孝心的伟大，也描摹了为孝心开绿灯的旅店的有趣。

大多数成长总会伴着疼痛

作家心语：疼痛之后，脚步轻盈。

我看到许多骑士总把马鞭甩得很高很高，响亮的马鞭落在马的臀部，马立时就精神了，飞奔向前，跨越障碍，前路——势如破竹；立马回望，烟霭落尽，崎岖变坦途。

我见过夏夜里的蝉竭尽全力地褪掉自己的壳，蝉蜕内的翅膀不停地颤抖着，这个过程，宛若分娩，要很久才能挣脱壳的束缚，振翅高飞，飞翔——云端之上，有它们不被禁锢的梦想。

我目睹孩子蹒跚学步，家长们放开手脚，让孩子稚嫩的小脚掌一点点向前挪，也可能踉跄，也可能摔倒，这些是学步的必修课。摔疼了，依然重复以前的动作，直到步子顺溜了，胆子练出来了，孩子也会走了。

我亲历一棵树木被铲车撞断了枝杈，断臂处，形成一道疤。摸一摸，这些结疤的树皮远远要比正常的树皮硬实得多，受伤了却坚强了，结疤了却绽放如花。何其美妙的伤口，何其值得揣度深思的疼痛。

被马鞭抽打的骏马，振翅脱壳的蝉，踉跄学步的孩子，结了伤疤的树，他们疼吗？

怎会不疼？但是，生命中所有的成长都是如此，没有疼痛，也就没有成长。

诗人说，每一种疼痛都是一种唤醒。是在唤醒我们：我在，我克服，我努力，我赢取，我不要泪珠，我要做擂主。

作家桐华说："生活总是喜欢逗弄我们。在你绝望时，闪一点希望的火花给你看，惹得你不能死心；在你平静时，又会冷不丁地碰你一下，让你不能太顺心。"

生活就是这样，太顺，往往也可能太困。顺了就容易睡着，睡着了就容易栽跟头。

生命原来如此，在疼里印证"我能"，在痛里反省自己"我为什么要认命？"于是，我们疼了，天堑变通途，所以，疼是"通"的前夜；所以，我们痛了，在命运的悬崖上，我们抓住了攀爬的藤，醒悟"所有关于疼痛的考验里，最终都能等到命运的垂青"。

疼痛是一条必经的路途，我们经过，我们阅取，我们扬鞭上马赶赴前路。

疼痛是一片肥沃的土壤，我们播种，我们收获，我们兑现不枯燥的青春。

朋友们，请用阳光的语调默念：大多数成长都伴着疼痛。

点　评

本文语句优美，构思精巧，句段之间，衔接流畅自然，多用比喻、对仗等修辞手法，是一篇难能可贵的美文，也是当今中考、高考作文写作的范本。通过本文，作者告诉我们，既然年轻，就不可能回避疼痛，既然年轻，我们就应该踩着疼痛，逐渐成长，且歌且行。

小儿正在妖娆，请勿打扰

作家心语：天真的心，是一切外物侵扰不了的城堡。

Nils Pickert是一位德国爸爸，他拥有一位与众不同的儿子，每天总喜欢穿女孩子的裙子，且穿上裙子后，喜欢到处招摇，等待别人的溢美之词。当然了，在穿着上，小孩子是"不分性别"的，怎么穿都不为过，也不会有人责难他们。

可是，一些朋友对Nils Pickert儿子的未来感到担心，他们认为，小孩子这样喜欢穿裙子，会不会使他日后的性别取向紊乱。

Nils Pickert才不听这些，他认为，自己没受过多高规格的教育，自知人生沉重，唯有短暂的童年可供我们嬉戏，这点乐趣，他打算陪儿子一同经历。

于是，Nils Pickert领着儿子，一同穿上红裙子，在大街上坦然走过，对于路两旁的白眼，Nils Pickert说，让它们见鬼去吧！

每个人都有童年，我们以怎样的方式从童年的门槛经过，或唱，或跳，或闹，或静，不一而足。我们会把童年时与隔壁家女孩的"过家家"看得天真无邪，一对父子的"过家家"，貌似怪诞不经，实则有更多的东西值得我们去感怀：父亲为儿子搭建了一座坚实的桥，躬身让儿子从自己的背上经过，不在意众说纷纭，不在乎流言蜚语，我就这么做了，我就这么来了，儿子开心，解放了儿子的天性，我这个做父亲的，就舒畅了，就坦然了。至于别的，在孩子渐渐成长的过程中自然会慢慢察觉。

花坛里常有"小草正在生长，请勿打扰"的字样。我想说的是，孩子正在成长，也请我们不要轻易打断他们天真的鬼主意。

年轮是液体，童年就是酒精，挥发得多快呀！父亲就是他的棉球，紧紧地把他"抱"在童年和暖的春色里，让光阴慢一些，久一些，温馨如许。

一个明媚的早晨，我从网上看到这则消息，顺势为这对父子写下一首小诗——

有多少天性等着我们解放，

有多少亲情等待我们珍重。

拉起你的小手，拉起整个宇宙，

别在乎流言蜚语，别听评离经叛道，

做你自己喜欢的，把春天装满年华的万花筒。

试想，又有谁的童年没有过看似不入流的"坏想法"呢，光阴如流，事实证明，我们随着光阴的溪水一路小跑，走着走着，"坏想法"就变成"奇思妙想"了。

我们在挥霍和消磨着光阴的同时，也希望我们坦然解放宝贵的天性。

点 评

本文选取的事例新颖，为了帮助孩子完成自己新奇的想法，父亲也不惧流言蜚语，穿起了裙子，这种做法在许多人看起来荒诞不经。在这个事件的背后，也理应引起人们深思，太多的时候，我们总是太在意外界的看法，从而忽略了自己和身边人的感受。

父亲的围巾

走进12月，脖颈里总有一种温馨的味道来自父亲的围巾。

父亲的围巾米白色，印象中，我也就五六岁，父亲常常围着它，一端垂在胸前，一端垂在身后，带着我去晨练。

田野里的路结下一层霜，我是个怕冷的孩子，在给身体预热之前，父亲会用他的围巾把我的小脑袋给包起来，只露出两只小眼睛，还有哈着气的通红小嘴。

在田野里跑了几圈，通身热了起来，父亲会把他的围巾去掉，脖颈、脸颊上，仍有父亲的味道在。

再后来，我看到父亲用这条围巾拴着妹妹的腰，充当学步带，还用他的围巾拴在双层床的立柱上，让妹妹坐在上面，当秋千来玩耍。

满屋子飘满父亲和妹妹的笑声。

岁月悠悠，我和妹妹逐渐长大，父亲的围巾逐渐淡出我们的视野，取而代之的是卖场里花花绿绿的丝巾和羊绒帽。后来，我也很少见到父亲围那条围巾，因为，那条围巾已有多处破损，父亲敝帚自珍，围了一段时间，就收起来了。

乡村的孩子尤其重视12岁生日，我12岁生日时，父亲问我想要什么礼物，当时，恰逢数九寒天，我脑海里旋即闪现出父亲的那条围巾来，说，你把多年前的那条围巾送我吧。

　　尽管围巾被洗得干干净净，压在衣柜底层多年，拿出来的时候，放在鼻子前，仍有一股父亲的味道，那条围巾我戴着高兴地度过了12岁生日，然后，把它收藏起来了，至今仍在我的书橱里。

　　多年以后，我再次拿出那条围巾给怕冷的女儿围上。毛线显然已经不像以前柔软了，烂孔的地方，线头多半已经糟了。妻说，还是放上几枚樟脑存放起来吧。我执意不肯，父亲远在乡村老家，回去一趟多有不便，这条围巾是他和孙女亲昵的唯一桥梁了。

　　又到12月，带女儿回老家，车已经开出市区老远，我还是决定返回，我要给父亲买一条新的围巾……

✦ 点　评

　　12月，是父亲围巾的味道。以此比喻开篇来设置悬念，作者通过回忆，妙解悬念，为我们讲述了一个温情的故事。以带女儿回家，帮父亲买一条新围巾的做法，表达了孝顺的传承性，回味无穷。作为青年人，太多时候，我们总会遗忘父母对我们的爱，这篇文章给了我们一道别样的思考题。

明日即天涯

很多时候，无论古今，我们都要面对这样的情况：明日即天涯。

明天，我就要出发，山一重，水一重，远隔重洋去谋生，人各有命，各自珍重，期待他日再相逢，高头大马门前过，身边跟着众随从。

——这是在古时候，换成今日，大可不必如此壮怀激烈，也大可不必如此沉重。

今人的离别宴请，多半是觥筹交错，言语轻松幽默，你今天离我千里之外，说不定明天就回来。现代化的交通工具把思念变成了一个渺远的词。只道是去吧去吧，柳荫下，我们等着你青葱的年华。

想起友人之间的依依惜别。

明日即天涯，今朝把酒话桑麻，稻香茶暖风声徐，听取蛙声一片，流水哗哗。

明日即天涯，劝君更尽一杯酒，此番作别何日见，执手相看岁月，光阴如夏。

也想起亲人之间的恋恋不舍。

明日即天涯，今日当惜眼前人，促膝长谈无尽话，他日思君甚浓，打我电话。

明日即天涯，今宵临行密密缝，他日秋凉儿惧寒，一袭长袍披挂，把心融化。

还有同窗之间毕业作别。

明日即天涯，酒醒处杨柳疏疏，明月依旧天边挂，朝阳初升上路，遗我贺卡。

明日即天涯，料定青春当如画，你方去罢锦年里，我便夕拾朝花，花样年华。

向来喜欢苏轼的《南乡子》，他在词里这样说："何日功成名遂了，还乡，醉笑陪公三万场。不用诉离觞……"其中，"不用诉离觞"让我们瞬间了然豪放青春的况味。

也感念于"念去去，千里烟波"，"执手相看泪眼"似的伤感缠绵，这些，都是瑰丽人生的底色，缺少了哪一种，都不是完美多样的人生。

明日即天涯，各有各的宿命，各有各的年华，走吧走吧，人总要学着自己长大，料定他年风起时，倚门处，笑如花，彼时的我们，现今都已长大。

点 评

　　本文是一篇典型的散文诗。作者通过工整的段落、语句，浓厚的诗情，来表达离别愁思，又引用了多篇古诗词里的句子，让中国风的味道十足。同时，本文的韵律感也十足，带给人无限遐想。

修炼你的5%

作家心语：5%的不同，往往决定一个人的100%。

"我与你，本来就没差太多东西，奈何你比我强出十万八千里，这是什么道理。"这也许是太多人的感叹，生活在俗世里的我们，有时候，看似彼此差不多，细细比较起来，其实差很多。

人与人的最大基因差别也就10%，可是，命途的差距却判若云壤。这就好比林清玄先生所说："香水，95%都是水，只有5%不同，那是各家秘方。人也是这样，95%的东西基本相似，差别就是其中很关键性的5%，包括人的个性特色、人的快乐痛苦欲望。"

那么，是什么造成了如此大的差别呢？林清玄先生后面还有一段话在为这个论断做补充："香精要熬个五年、十年才加到香水里面去的；人也是一样，要经过成长锻炼，才有自己的味道，这种味道是独一无二的。"

看来，不经煎熬，别想独占鳌头；不经磨难，别想前路一马平川；不修炼好你的"5%"，你或许永远平庸或一无所有。

★ 点 评

本文是典型的小品文，言简意赅，短短的500字，能概括讲述深厚的人生哲理。用林清玄的话语来延伸展示本文含义，也印证了作者的阅读量。结尾部分是一记响亮的鞭哨。生而为人，理应精益求精修炼自己的5%，做到与众不同，才能获得命运垂青。

我的小时代

作家心语： 小时代，也往往是最好的时代。

去了岳西明堂山，我才知道自己是多么喜欢安静。

山是深山，少有人来，人是俗人，一身尘埃。

一个人，几本书，一盏茶，周遭鸟鸣，读下去，走进时光的肌理，淡忘了岁月，消磨了自我。兴味至，登山采蕨，兴味弭，温泉濯足，关掉手机，打开思路，写几段话，摹两幅字，于我，是最好的时代。

一位诗人朋友写过这样的句子："在俗世里摸爬滚打久了，我是个罪孽深重的人。"

为什么会是罪人呢？也许是基于以下原因吧——

所谓摸，即是摸索，这包括摸索门路，也涵盖摸索心路。摸索门路的是强者，一味猜心的非妙手，而是太过工于心计，城府太深了。

所谓爬，一是艰难行走，或许是一种贫贱生活百事哀的状态，在温饱线上挣扎；另一类就是在声名利禄的树上向上攀岩，扒高踩低，受人鄙夷。

所谓滚，让我想到了打滚，脑海里浮现出一副尖酸无赖的嘴脸来，鬼不缠，见你都是绕着走，名为敬你，实为怕你。

所谓打，也就是常人所言的打拼了，为事业忙，为家庭忙，脚底踩火，忧心如焚，只为把人生的篝火烧旺，殊不知，一山还有一山高，他处还比此处旺，何时得心安？

这是最好的时代，生活的快车拉着我们风驰电掣地向前跑；这也是最累的时代，我们往往是光顾着跑，却迷失了心灵的方向。

怎样矫正生命的罗盘？难道非要投身到大自然的母体中去，效法历代先贤隐士，在山水田园之间，做一个自由自在的快活人？

哪能人人都做隐士？况且这些未免太消极了。远离尘嚣的方式有很多种，正所谓："心净则国土净。"全然在于我们有没有修得一颗静谧的心。

圣哲有言："小隐隐于野，中隐隐于市，大隐隐于朝"。像我这样一有压力就向山野跑的人，最多也只能算是"小隐"，在寂静的山林里享受一番畅快光阴，然后再躬身而返。真正的归隐，是"心隐"，不争逐，不贪慕，不计较，不攀比。与人无争，与人无害，与己心安，在世俗的字典里，做一个不带丝毫色彩的中性词。

如此，这也便是最自信的时代，最自我的时代，最私享的时代。

海子说："从今天起，做一个幸福的人，喂马，劈柴，周游世界……面朝大海，春暖花开。"这说的不就是海子的"小时代"吗？这是海子的私享，也是海子的私酿。

把海子的小时代放大到我们的现实生活中，不也一样美好至极吗？我们不妨把这首诗看成是海子写给世人的情书，只不过没有写明"只愿君心似我心，定不负相思意"。

不管是深山，还是大海，抑或是身处都市喧嚣的人流里，僻静的小巷里，拥有一份澄明的心境，当下，就是你最好的"小时代"。

点 评

作者通过自己的这篇随笔，给我们构建了一个世外桃源般的生活情境，在这样的心灵空间里，身心皆可获得怡养。本篇文笔优美，充满隐逸之风。作者在行文之间化散淡为凝神，突出营造了"最自信的时代，最自我的时代，最私享的时代"。

迁徙的梦想，不迁徙的内心

作家心语：历经岁月，最美的是痴心不改的初心。

我15岁以前，想得最多的一件事就是能穿一件像样的新衣服，那是贯穿我整个童年乃至少年时期最顽强的梦想。

我生在农村，家庭经济条件很拮据，加之妹妹生病，父母一直是靠外祖父接济度日，10岁以前，外祖父每一次到我们家来走亲戚，都是拉着一辆板车，板车上盖着一块油布，油布下，外祖母总会偷偷摸摸地放上去半大盆面，一些青菜，也给钱，也总是背着人给，外祖父深知，父亲是个要面子的人，即便是接济，也要考虑父亲的面子。

那时候，隔壁有一位在军队做过"师爷"的兽医，60多岁，写得一手好字，常有人请他到镇上去写一些标语，每一天，都能赚到50到100块钱，在20世纪90年代，那可是一笔不小的收入。

于是，在父母的鼓励下，我潜心练字。我特意跑到集镇上，买来欧阳询、颜真卿的字帖，不知道磨秃了多少支毛笔，后来，终究字写得还算能说得过去，我就开始练钢笔字，字写得在校园书法竞赛里可以拿一等奖的时候，我才发觉，很多人都能在墙上写标语，漂亮的美术字很多老师都能手到擒来。

我的梦想也随之悄悄改变，我开始向往教师这样一种高尚的职业，不仅可以拿稳定的工资，有很多人仰望你，还可以在课外给学生搞一些兴趣班，赚点外快。

直到后来上了高中，我到了全校最好的一个老师家中做客，却发现，他过得也相当清贫，四口之家挤在一个不足60平方米的房子里，妻子常年有肺病，他也患有严重的颈椎病，母亲和孩子身体还算可以，但一家人总让人觉得过得不够幸福。

高中毕业之后，我顺利上了大学，并开始在报刊上发表一些文章，那个时候，最羡慕的就是别人能够出版自己的个人文集，一天，一位出版社编辑找到我，让我为他的一本图书做校对，我开始间接涉足出版行业，好几本图书后面写的都是"特约校对"字样，那个时候，我开始用稿酬养活自己，也开始用校对得来的钱邮寄一些给家乡的父母，这个时候，我最大的梦想是做一名出版社编辑，工作的时候，做很多畅销书，业余的时候，练练书法，加入一些协会，结交很多朋友，家里经常高朋满座。

后来，这些梦想在我大学毕业前夕一一淡化。我越发认识到，自己需要找一份稳定的工作，做一些有意义的事情。于是，我抱着自己发表的一大摞作品，走进了一家电视台。后来，我成了亲戚邻里眼中的骄傲，在一家城市电视台做了记者，业余的时候，可以写写自己的散文，出版几本集子，还成了中国作协会员，成为我所在的城市公认最有前途的青年作家。

可是，我很快发现，自己所写所著还只是"初级阶段"，与高手和名家们相比，我的写作面还很单一，思想还不深刻，文笔还不老到。工作方面，我也有很多的功课要做。

今年，我年过而立，回首过去的30年，我所走的每一步，都伴着"不安"，也可以说，正是这样一个个不安，让我逐渐走向了"安全"的驿站，然后，危机总又让我再次出发，迎接新的挑战。我短时期内总不会有多么伟大的梦想，但是，我在短时期内都能够阶梯式地走向并越过自己的目标，我的人生像是一场没有终点的跨栏，我眼里望着的总是前一个栏，然后，在克服现状的同时，不断提升自己的"心灵弹跳力"。

我坚信，生命中的某一些时刻，你可以没有稳固的梦想，但是，你一定要有稳固的进取心，这其中，或许饱含着幸福人生的全部奥秘。

点 评

岁月流转，变化的是我们不断攀岩的梦想，不变的是我们孜孜以求的心。本篇散文通过自己的亲身经历，为我们讲述了年轻人在成长的路上，总会经历对梦想的抉择，对信念的坚守，也突出表现了梦想对于人生的激励意义。

像一只鸟儿那样轻

作家心语：最轻与最重之间，往往只因立场的不同。

世界上最轻的东西是什么？

氢气球够轻了吧——

我曾亲眼见过一位卖氢气球的老人，他手里拽着一大丛氢气球组成的"花朵"：喜羊羊、灰太狼、叮当猫、光头强……可能是他拽着的氢气球太多了，每每遇到风，都要使劲地把那些氢气球往下拉，那份吃力劲儿，感觉比扛了几十斤重的口袋还要吃力。

素纱单衣够轻了吧——

从马王堆汉墓出土的这种衣服来看，重不足一两，然而，穿着这种衣服的女子却英年早逝，豪奢的宫廷，她可以一掷千金，却也举步维艰，如扛鼎前行，最终，因绕不开宫廷争斗而香消玉殒。

飞花够轻了吧——

可那一朵朵花从含苞到绽放，再到凋零，一直都在走着一个壮烈的梦境。梦完结了，还要劳烦那葬花的女子，扛着锄，满腹心事地唱着"花谢花飞花满天，红消香断有谁怜……"何其繁重的一场花事，何其沉重的一腔心事？

羽毛够轻了吧——

那飘飘悠悠的羽毛最终还是要打着卷儿，一片片落到土地上，永远也做不了"拿云"的梦。相反，一只鸟尽管比羽毛要重得多，却可以轻而易举地飞上云端，在蓝天的深处翱翔唱歌。

其实，世界上最轻的东西，并非没有重量，而是明明有重量，却可以举重若轻。

难怪法国象征主义诗人保尔·瓦莱里说："生活里的我们，应该像一只鸟儿那样轻盈，而不是像一根羽毛。"

★ 点 评

　　一个非常简单的细节，在作者的描摹下，鲜活纸上。卖氢气球的老人，氢气球的重量简直为负数，但是，诸多个负数相加，最终也能成为老者的负担。重量因立场的不同而相互转化。作者看似在讲述生活琐事，其实是在阐释人生哲理。

第3辑

时光心路

　　时光是一枚信笺，每一行都写满了我们的心路，那些青春的悸动，成长的艰辛，遭遇的挫折，都付那年华深处的风花雪月，都填满岁月的年轮。我们在时光深处，做着是非题，也在收获诗意。

抱冬

冬天是需要抱着度过的。不仅仅是人人相拥，人与物也有了亲昵感。

一个人抱着一把衰草，后面跟着仰头偷食的羔羊，多好的一幅国画。

一个人抱着一堆火，烤着一只红薯，浑身都热络了，血脉贲张，食欲大振。

一个人抱着一团雪，浪漫多了一分，凄冷少了一分，雪花，把冬天的味道也变馥郁了。

一个人抱着一本书，可以是七侠五义，可以是唐诗宋词，可以是徐志摩，可以是季羡林，可以是任何人，书在，冬不寥落，反倒丰满了。

一个人抱着一杯茶，最好是祁红，也可以是普洱，大自然呈现出凋零之势，杯间的茶色反倒妖冶了许多。

多年不见的老友，在冬天吃一份火锅，冷清多年的关系便又重拾了。

公交车上，即便是座位十分富余，仍有情侣在抱着，厚厚的冬衣隔不断两人火热的情愫。

这个季节，适合举办各类交流交心的会议，走在大街上，路面的宾馆纷纷挂出条幅，"某某公司业务答谢会"、"表彰会"、"客户回馈年会"，铺天盖地，都喜欢在冬天做，拉拢人脉，积聚人气。

无疑，冬天是个适合抱团的季节。

树叶被大地拥抱，衰草被霜雪拥抱，河流被寒冰拥抱，胃口被美食拥抱，放假的孩子被爷爷奶奶拥抱。

在冬天，最好抱住一碗汤。羊肉汤、牛肉汤、鸡蛋汤、酸菜汤，只要是汤，都能暖身子，都能败火养气，抱定一碗汤，一整个冬天就有了底气。

在冬天，最好抱住一件事。冬日里，没有了惹眼的花草，风雪冰封了来客，这时候，最适合凝神屏息做自己喜欢的事情，系统地读一系列自己喜欢的书，或建筑、或美食、或时尚，写下自己的所感所悟，结集成册，给青春一份难能可贵的纪念。

在冬天，最好抱住一条路。早晨跑上两三趟，用晨跑驱走寒气；中午走上两三次，观看自然风物流转，季节改变了容颜；晚上散步两三遭，查看人迹板桥霜，听取鸡声茅店月，月光清白如水，我是天地间最纯粹的思想者。

在冬天，最好抱住一部剧。沉浸其中，感受人物悲欢；沉醉其中，浏览人生百态；沉淀其中，提取生命智慧。或者干脆简单些，一笑而过，一哭释然，一见倾心，有味的，绕梁再品咂，索然的，过后不思量。

在冬天，最好抱住一份心。感恩的孝心，一件毛衣，一条围巾，一副手套，送给父母。火热的爱心，给偏远乡村的孩子送出一份邮包，购买一套文具，或是一本童话书。无微不至的关心，给还在襁褓里、怀抱里，咿呀学语、蹒跚学步的孩子；给忙于工作，无暇照料自己的爱人；给匆匆擦肩，需要帮助的陌生人。

与自然抱着，冬就不寥落；与你我他抱着，人生就不惧严冬。

✦ **点　评**

　　作者用列举的手法，让一篇时令文有了温和的底气。看似作者是写冬天，实际上也是在写心灵。冬天在别人看来十分寥落，但在作者的笔下，似有万木萌发之势。好文字重在意境，本文所带给我们的意境浓厚，非一般单薄文字可以企及。

春天去临帖

春天了，暖烘烘的风一吹，人难免心烦。这时候，若要心静，不妨去临帖。

勿要临张旭的狂草贴，那样无异于火上浇油，心不但静不下来，或许会被撩拨得更加毛糙。

王羲之等人的行草也要少临，写多了，人会有惯性，不自觉地舞起来，飘起来，一年的根基都不稳。

还是写一些欧阳询的楷书吧，一笔一画，方方正正，中规中矩，人会在横平竖直的临摹里静下来，心河里的泥沙纷纷下沉，露出澄明的心境来。

或可以临一下宋徽宗赵佶的瘦金体，在消瘦的笔画里领略生命的大意趣，在看似苗条的笔墨里感悟丰腴，推窗看景，无边的绿色一转眼都推进你的眼帘里来了。

春风吹又生，窗外翠色连绵，桌上的毛边纸泛出黄晕，你饱蘸了墨，一笔写下去，对于季节，都是一个沉甸甸的诺言。

想起小时候父亲手把手教我临帖的样子，写字的瞬间，父亲掌心里的温度春风一般暖着我的手背。我的笔迹一直很像父亲，这与父亲手把手教我有关，我想，也与父亲用自己的掌心传给我别样的温暖有关。

我们的字迹模仿着父辈的字迹，我们的四季传承着父辈的四季，我们的爱接力着父辈的爱，这是生命之间的奇妙"临帖"。模仿是创新的前夜，巴山夜雨涨秋池，春色连绵入梦来，梦醒时，已是孟春，遂想起赵孟頫的楷书《千字文》，一字字写下来，周身都汗津津的。

院子里的第一朵红花绽放的时候，我扛着画板，拎着辛夷花一样的毛笔，在院外的池塘边画一只早鸭。灰黄色的鸭子，泛着青晕的池水，还有岸边的鹅黄和草绿，绵延到我的画纸上来，我会用一行小楷写下"春满草塘处处花，百花初萌又水花"的字样，眼底多了一些绿意，心里多了一重静谧，袅袅的炊烟升起来，那是故乡倒立的笔墨，在天空的画布上临着字帖呢。

春天临帖，是在构建一年来的心绪，是在梳理一年来的心灵走向，是在通过描画心愿，从而结下"心缘"。

春天不远，临帖不止。

点 评

张旭、欧阳询、王羲之、宋徽宗，每一个人的书法体系都能代表一棵植物或花朵。这篇美文所能传达给我们的，不单单是一篇小品文这么简单，还能指明心灵的走向。趣味，往往能影响一个人的整体格局，所以，对于一个年轻人，积极健康的情趣可能会让你受用一生。

冬天做个乡下人

入冬了，霜雪俱下，河流冰封，雁阵惊寒，就连大地也矜持了面容。这时候，生活在乡间，烹雪煮茶，生火架炉，呼儿唤女，吃上一顿火锅，饭后闲暇，嗑瓜子，看一本书，听几曲黄梅，这才是值得回味的光阴。

人说，不羡鸳鸯只羡仙。冬天，乡下人，就是仙家人。

冬天，万物返璞归真，露出清晰的脉络，乡间的小院里，农具也闲下来，被挂在屋檐下，防止生锈。在这个乡下人休养生息的时刻，墙根处，听听评书，唠唠家常，孩子们想着自己的新衣和零食，老人们静候着那些外出打工的子女。

冬日乡间的时光真静，静且净，像化冻时清澈的小溪。想起自己幼年时，一帮孩子玩着沙包、元宝（一种硬纸折成的玩具）、弹珠，大人们则聚拢在一起，侃大山，打麻将，无限悠闲。

再也没有任何一个季节适合在乡间过活，再也没有任何一个季节有这时候的天空深蓝，再也没有任何一个时令有这时候的云朵恬淡，再也没有任何一个季节适合静修在乡间。

冬至以后，进入数九寒天，乡野凝冻，乡下人的屋舍里却无比热闹，那些平日里舍不得、顾不上吃的美食，这时候都一一拿出来，好好犒赏自己。穿堂过户，到邻居家串门子，谁家没有几盘瓜子点心呢，乡下人不像城市人一样比房子大、车子贵，比的是冬天谁家餐桌上丰盛，这也就意味着谁家的日子过得滋润。

晨起一段奔跑，呼吸的是天地间最纯净的空气；午间一通觉，睡得是无忧无虑无牵无挂；晚上脱衣上床，不急着酣眠，看两集电视剧，一两个章节武侠，日子就这样慢慢挥霍着，一眨眼的工夫，春天就来敲门了。

在冬天，做个乡下人真好。

★ 点 评

作者通过描摹冬日乡下人的悠闲散淡，来追求一种闲适幽静的生活场景。幼年玩过的游戏，吃过的美食，听过的评书都一一被显现出来。给人以身临其境之感。作为青年人，有时候最紧缺的不是忙碌生活，而是忙碌后的一份静谧。静以修身，俭以养德。

关心粮食

作家心语：一个开始关心粮食的人，才真正成熟。

今冬无雪，感冒横行，办公室里，同事多受"流毒"之害，周末去医院做采访，黑压压的，全是病人，主治医师说，只因天干，连日不下雨，病毒肆虐，才会这么多人生病。我一愣，可不是嘛。人家说，冬天的雨，一场凉过一场，到现在，透雨都没有一场，气温一直居高不下，晨起穿衣，耳边竟然有嗡嗡的响声，定神一看，竟然还有蚊子，这可不像皖北的天气，照往年的惯例，早该天寒地冻了！

于是，我想起故乡的麦子，想起它们是不是也在居高不下的气温里疯长，因为没有雪做的被子，过早地拔高了身材，导致夭折或减产。我瞬间开始忧心忡忡起来，尽管我家所在的乡村，多种植中药材，麦子早已少见，可是，要知道，如果粮食得不到保障，一切都会受到"蝴蝶效应"的影响。

我打电话给父亲，父亲告诉我，这样的天气，药材多少也会受到影响，像地里的牡丹、白芍、白术，这时候就有发芽生长的迹象，若是突然一场严寒，中药材们肯定适应不了，根都要冻坏了。电话里，听到我的担心，父亲笑了说："孩子，你能给我打这个电话，比关心我的身体还让我高兴，因为，当一个男人抛下俗务，开始关心起粮食，而不是电脑游戏，那说明他长大了。"

是呀，已过而立之年，越发对故乡的那片土地爱的深沉，那些生长在故乡土地上的油菜花，那些在故乡田埂上烧过的红薯，那些在故乡豆田里逮过的蝈蝈……——都如胶片一样定格在我的脑海里，给我留存不少难忘的静帧。

合肥工业大学出版社近期出版了作家许辉的一本散文集，叫《和地球上的小麦单独在一起》。许辉是淮北人，在地域上，我们有着相近的地缘关系，淮北地区是小麦的主产区，铺天盖地的金黄小麦滚起的麦浪曾经给如我一样的乡间少年留下多少回忆。在早年间，口粮不足的时候，格外关注收音机、电视机里的天气预报，因为阴晴冷暖都与农人息息相关，对于在乡间长大的少年，小麦可能意味着新书包、新鞋子、新的零食和玩具，我们，真正是土里刨食、泥里长大的少年。

海子在诗里说："从明天起，做一个幸福的人喂马，劈柴，周游世界。从明天起，关心粮食和蔬菜，我有一所房子，面朝大海,春暖花开……"应该说，这是近乎桃花源一样的梦境。几乎每个人都有过"农夫、山泉、有点田"的梦境，凡是思想稍稍独立的人，谁没想过效法五柳先生，归依田园？

关心粮食，对于一个农人来说，是最煽情的话语，对于一个在乡间长大的少年来说，那是最好的诗情。

点 评

粮食，是事关国计民生的重大问题，也是事关阴晴冷暖的不竭话题。古人云：仓廪实知礼节。足见，粮食对于一个人及一个民族的意义。关心粮食，绝对不是口号，应该从生活的每个细节去考虑。而评价一个农村走出来的青年（乃至每一个人）成熟的标志时，关心粮食问题应该是标准之一。

经年之水

作家心语：水因经年而清澈，人因经历而老练。

江河湖海之水哪有不是经年之水？

水之经年，愈加清澈。古人曾经在梅花上采雪，然后收集雪水，经年之后，煮水烹茶，茶香远而益清。

《红楼梦》第四十一回"栊翠庵茶品梅花雪"有关雪水饮茶的这样一段记述：一众人等在吃茶的时候，黛玉问大家"这也是旧年蠲的雨水？"妙玉嘲笑她说："你这么个人竟是大俗人，连水也尝不出来。这是五年前我在玄墓蟠香寺住着，收的梅花上的雪，共得了那一鬼脸青的花瓮一瓮，总舍不得吃，埋在地下，今年夏天才开了。我只吃过一回，这是第二回了。你怎么尝不出来？隔年蠲的雨水哪有这样轻浮？如何吃得？"

如果说妙玉所讲的经年之水充满了文人的书卷气和雅香的话，那么，祖母所收集的"经年之水"中饱含着浓浓的深情。

祖父在世时，最喜欢养的是菊花，常常给菊花浇水，直到秋来满院芬芳。祖父去世后，祖母发现他浇花所用的水壶里仍有满满的水，祖母是个细心的人，把那只水壶里的水收集起来，放在床下的坛子里，每每浇花时舀出来一勺，秋来的时候，仍有满院芬芳，祖母说，这样的菊花里，藏着当年祖父所养花朵的香气，就连每一朵花瓣盛开的时候也像极了祖父的笑靥。

祖母用一壶经年之水，浇开了此后多年的芬芳。

★ **点 评**

　　无论是江河之水，还是雪水，都是经年之水；无论是历代先贤，还是名人名流，都是好事多磨出来的。经年之水里，所蕴藏的是一股力量，信念的力量，怀念的力量。这力量，经由一滴水，折射出了人间的美好。本文的结尾，给人以无穷的韵味，值得我们在今后的考场作文中借鉴。

旧历年飘香

一到旧历年，乡村就格外有韵味了。烟囱里冒烟儿，牛羊在圈，打工的人们归巢，村庄的筋脉活络了，人气足了，年也格外充满暖意。

故乡皖北有这样的民俗，大年初一，村子里的年轻人要到老年人家中拜年，无论是否亲故，晚辈都要向长辈行磕头大礼，并说一些"长命百岁"的吉祥话，旧时候，在晚辈们给自己"磕头"的时候，老者还会伸出衣襟去接住，意味接住福气，这被誉为给老者增寿。初一的一通走动，活络了传统文化的筋骨，让似曾没落的传统民俗在时光深处得以重拾。

这种风俗是心灵的馨香，是孝顺文化的薪火相传。

除此，乡村里还有另一重香。在乡村每一户人家烧出来的草木灰里，在每家人的餐桌上，鸡鸭鱼肉，纷纷登场，让人大快朵颐。辛劳了一年的农人们这时候会好好犒赏自己，好好养一养自己的胃。当然了，这是在旧时候，如今，随着生活水平的逐渐提高，哪家餐桌上也不缺肉，于是，过年，在人们看来，心灵深处的那份情谊就是加重的砝码。

大红的炮皮落满地，桃符给每一家的门楣上施了胭脂，新衣服新鞋子穿出来，乡村就是一个巨大的T台，各家各户都在上演着时装赛。有人说，中国人就是爱显摆，其实不然，应该说是中国人懂得凡事与人分享。

人生说到底也就是"吃饭穿衣量家当"，就好比南京栖霞寺里的一副对联所言：

今日示尔修道法，即在吃饭穿衣间；

一言说破无别事，饥来吃食困来眠。

也许这就是所谓的"看破"，一句话道明了人生玄机。饮食，人之大欲，在年岁的端口，这种欲念更加被提上"议事日程"。

也许你认为这并不是终极目的，在每一个人的心灵深处，还是有一份隐隐的精神享受在，哪个人吃饱穿暖之后不想做一个精神明亮的人？

是的，精神明亮也没有逃出这幅对联的范畴。大凡精神明亮的人，均要有知识，有好德，有境界。回头来看，知识来源于阅读，岂不是在给灵魂"喂饭"？通过努力达到人生的某种境界，岂不是在给名声"穿衣"？

在故乡，旧历年一来，还有一件要紧的事要办，那就是要到先辈们的安眠之处去祭拜，孩子们在祭拜的时候，大人们多在先辈们的坟前默念他们往日做过的最光彩、最耀眼的好事，在念叨，在讲述，也是在传承。因此，在一定意义上来说，这也可以看作灵魂的祭拜，对照先人的镜子，清洗自己心灵的泥污，明晰自己这一年如何效法先人，走出一条光耀门庭的路！

旧历年飘香，香飘四野，香远益清，回味在每一个和乡村有关的人心里。

点评

本文开门见山，直接把人引入到年的情境中去。又借助皖北习俗、风土民情，为我们刻画了旧历年的场景图，所写亲情之暖，所写爆竹、草木灰味道之别致，这些都是旧历年的标志。最后落笔到"精神明亮也没有逃出这幅对联的范畴。大凡精神明亮的人，均要有知识，有好德，有境界。回头来看，知识来源于阅读，岂不是在给灵魂'喂饭'"？通过努力达到人生的某种境界，岂不是在给名声'穿衣'？"升华了本文的主旨。

榴花开欲燃

作家心语：榴花开时，心事也便悠远。

新年到来不久，收到齐心编辑邮来的卡片，上面写满了对我的祝福和期望，卡片的背面印着苏轼的一首《阮郎归·初夏》，字是繁体，古宋，很有韵味。读得我心底暖意融融。

绿槐高柳咽新蝉，薰风初入弦。碧纱窗下水沈烟，棋声惊昼眠。

微雨过，小荷翻，榴花开欲然。玉盆纤手弄清泉，琼珠碎却圆。

在深冬里，如闻鸣蝉，如沐南风，如纱窗对坐，一场棋，半晌雨，一池风荷，满树石榴花，开得像燃烧一般，在这样的日子里，洗手做羹汤，盆亦是泉，水珠如汤圆，内心波澜不惊，安享这流年。

心里暖烘烘的，没想到诗人苏轼还写过这样温婉的句子，似乎是他开辟了"仿女性"写作的先河。是的，自从有人类开始，一提到母性，也就有了温柔，自然也就生了暖意了。

这些年来，我一直在描摹着生活这件粗布衫上最细腻的纹理，生活有时候显得太粗枝大叶了，我们需要这样的细腻，波澜壮阔倒好，风云激荡也妙，均不是生活的常态，常态的生活是需要我们用心去打磨的。在我们每一寸行旅里，在生活的每一个末梢里。

时下已至腊八，早上，步行从白衣律院经过，寺院正在施粥，有老者提着红桶，请来半桶，回家分食给儿孙，举家平安。写这段文字时，还记得老人们手里拿着的红彤彤的小桶，在这个哈气成冰的冬天里，远远地看去，像那榴花，开在一棵棵老树的"手臂"上，有禅意，有暖意，有情意。

冬日霜雪飘飘，何处求榴花？唯求那内心的一抹火红。

★★★ 点 评

本文开头由一张明信片引出《阮郎归·初夏》，将我们带进古诗的意境，写作者所向往的一种情境。冬日何来榴花，只不过是作者心里的一抹红霞罢了。读罢本文，有禅意，亦有暖意，这是文字所带给我们的意趣。

猫冬

作家心语：在冬天里，做一只安逸的猫，这是我们的猫样年华。

河水每天卸载一些多余的程序，日渐简明——冬深了。

日光吝啬自己的明眸，树木吝啬自己的影子，绿草吝啬自己的娇柔，整个世界都吝啬了。

天空开始铁青着脸孔，在月华如水的晚上，咯下白色的血沫，名曰"霜"。若到伤心处，还泪落如雨，雨里夹杂着凄厉的冰凌，那是这个季节都无法消化的尖锐。

在冬天的阳光里，寻找一只猫。在北风的南墙根寻找一群听评书的人。人与猫，都在时光里，浸润一地琐碎的影像。

孩子在和冻疮战斗，摩拳擦掌。

老人在用意念诵诗：即便老朽成木，也要在身躯上结出木耳。

黑狗在白雪里跑，红梅在落满黑菌的枝头绽放，青蛙在巢穴里藏起绿意，寒号鸟在静默里甘当标靶。

篱笆是错乱的旗，在萧瑟的北风里插着。

心事是焦躁的火，在怀春的姑娘心里烧着。

校舍里的铃铛暗哑，被冻得噤了声，教室里的诵读声嘹亮，暖暖喉咙，花开满嗓。

火锅像个间谍，以羊肉卷、牛肉卷、茼蒿、藕片等美食为诱饵，在温室里搜集人们的谈资。

聚会多起来，没有聚会的时候，人都躲起来，交际也在冬眠。

猫冬。一个多么形象的词，让人在冬天里，也多了几重动物性。生存和生机，在我们的脑海里浮现，许多影视剧、话剧都在以这个季节为背景，煽情叙事。

在冬天，人人都是一只猫，在吃着季节的冻鱼。

★ 点　评

　　本文的明显特点就是诗意。一句"篱笆是错乱的旗，在萧瑟的北风里插着。心事是焦躁的火，在怀春的姑娘心里烧着"，给我们营造了别样的美感，猫在冬天，并不是无所作为，而是安享这个季节所带给我们的别样美好。

芍药花的粉拳打向春天

> **作家心语**：每一朵花，都是春天的拳头。

我曾是个吃花的少年，在五月的乡间。芍药们抱成了骨朵，一排排站在田垄里，花苞上有蜜蜂留下的蜜，三三两两的乡村少年放了学，蹦跳着回家，遇见了这些花苞，弯下腰身，去吃那些芍药花上的蜜，吃的尽管是花蜜，心里却也乐开了一朵朵花。

和男孩相比，女孩子的做法就残忍多了，待到花开碗口大，爱美的女孩会把它们折断拿回家，倒上水，插在花瓶里，只为保留一段花期。

邻家一个女孩曾告诉我，每每折花回家，总爱做梦，梦里花说自己很疼，于是，她就移栽了几株芍药在自家院子里，只观赏，不打扰，更不伤害。

芍药花开，遍地落霞。再有雪白的羊群穿梭在芍药花间，还有那牧羊的少女，手里挥着柳枝，这是怎样的画面，堪称美景。

芍药是故乡的市花。也是最妖冶的花朵。清朝诗人刘开曾在故乡写过这样的句子——

小黄城外芍药花，十里五里生朝霞。
花前花后皆人家，家家种花如桑麻。

故乡是药都，世代以种植药材为生，所以，才有了诗歌里蔚为壮观的芍药图景。

而自小如我一样的乡村少年，也是这一图景里的一部分，小时候，跟着父母下田，父母用锄头刨开田垄，我把盆子里的肥料丢下去，只盼着花朵快快长大。

待到春来五月八，芍药花开如拳大，一个个粉拳打春天，暖阳融融发春华。芍药花的拳头打向春天，我们的心事如拳头打向四面八方，那些日子，在花前，我们许下一个个誓言：要当科学家，要当医生，要当军人……在花前，每个小小少年都是造梦家。

人说，借花献佛，这里的花就有芍药。难怪人们喜欢在芍药花前许愿，原来它的花心里藏着一个梦幻般的寓言。

点　评

　　芍药，在古诗词里是文人争相描绘的对象。在作者的笔下，却写得极有现代感。作者用自己的笔触，着力勾画了铅笔画一样的场景，作者行文其中，是花间踽踽独行的少年。

少忍数旬蒸米成

作家心语：有一种芒种，关乎心灵。

芒，向来就是一个让人揪心的字。想起它来，总会联想到"如芒在背"的不适感，然而，到了端午前后，"芒"就变得格外亲切起来，因为芒种。

芒种是二十四节气之一，从字面上看，也就是有芒的稻麦可以播种了，其实这时候，在北方，也正是小麦要收获的季节。这个时令，旧时候，北方青黄相接，南方就要稍显"上气不接下气"了，口粮跟不上，所以诗人范成大在《梅雨五绝》里这样描写"芒种"：

乙酉甲申雷雨惊，
乘除却贺芒种晴。
插秧先插蚤籼稻，
少忍数旬蒸米成。

意思是，只需要再忍耐些时日，心中的蚤籼稻就可以吃上了。在粮囤不太丰盈的旧时，这首诗，不知道要给多少人以"口腹"之慰，大有曹操当年"望梅止渴"的意味。

透过这样一首诗，可以想象亮晃晃的一盏太阳，水田里，水温凉凉的，那黝黑的水牛，那弯腰点头插秧的农人，那些青碧的秧苗，依次被安放在水田里。

芒种时节，农人也是诗人，秧苗就是方块字，好有秩序的一行行诗。

家在皖北，小时候，尚不知道"节气"一说，麦收将近，常常听大人们说起"忙着"、"忙着"，不久，麦收时节就到了，我一度把"芒种"误读成"忙着"，后来才知道，我这种误读也不算误读，也有人把"芒种"说成"忙种"，我只不过是取其状态罢了。

我所成长的20世纪八九十年代，每逢芒种时节，家里大都腌制了蒜薹之类的吃食，条件好的农家，还会准备啤酒、变蛋这样的奢侈品，所以，麦收前夕，我除了闻到成熟的小麦香，还有就是啤酒和变蛋的香气了。

我之所以说啤酒是奢侈品，是因为那个时候啤酒刚刚兴起，还有很多人把啤酒说成是"马尿"，这种洋人发明的饮料，国人还没有喝习惯，后来，不知道哪一年"芒种"，人们越发感觉到啤酒在这样一种热火朝天的场面里，格外解渴，格外合时宜，后来，就这样普及开来了。

或许，啤酒的兴起真要感谢芒种，它的大红大紫离不开这样一个季节，离不开那群甩开膀子割麦的农人，大凡什么事物最流行，农人们不知道，就不算真正流行。

想起芒种，就想起那个时间的竹叶茶，我会从后院的竹林里采摘一些新鲜的嫩竹叶放在水里煮，煮出来的茶格外清香，远非铁观音、龙井之类的茶所能及。我身躯尚小，不足以加入收割大军，就只能干一些提壶送茶的小事。那时候，我会把竹叶茶放在瓦罐里，那样的瓦罐，粗糙，有耳，用绳子拴起来，提在手里，我快步如风，走进金黄色的麦田里，如同行走在优美的油画里。

时光不能倒流，若能倒流，我真想给20年前乡间那个提着石头走路的送茶小子拍一张照片，留给自己，也留给岁月，这样温馨的场景之于人生，或许也算作是一场"芒种"吧！

点 评

　　作者集中描写了"芒种"里的风俗、物候、人与事。通过回忆，把记忆中的芒种串联起来，写情写景无限美妙。时光是一条河流，回溯旧时光，其实，也是在向往一种生活，感怀一段过往里的别样情结。

十月，收藏一片黄叶

作家心语：收藏一片黄叶，收藏一段过往。

十月，万绿开始转黄，从气焰不再嚣张的叶子上，看到它的丝丝络络，秋虫在上面细数着秋叶的纹路，时间就这样渐渐走向了秋天深处。

小时候的我曾经暗想，叶子渐渐变黄与人渐渐变老是不是一个逻辑，一条脉络？

草木有季节轮回，人是不是也一样？

好奇怪的想法。后来，奶奶告诉我，人呀，有时候，就像是一片树叶：故乡是它的土壤，树干是他的父母亲人，朋友是他的阳光，社会是他的空气。

奶奶没上过学，这样的修辞手法却是她擅长的。

奶奶还说，秋天是一年中最美的季节。秋叶渐渐褪去绿意，不再像以前那样肆无忌惮地炫耀自己的色彩了，慢慢黯淡，慢慢隐忍自己，就成熟了，就成长了。这时候，你若从树上摘下一片叶子与春天的叶子相比较，韧性足了，脆性少了，叶子的质地更坚实了。

树叶走向秋日，好比人走向心智上的成熟。从前，小小的我们哪里懂得在乎别人，毫无保留地释放自己，表现自己，丝毫不顾及别人的感受，直到伤了身边人的心，好多人离我们远去。

奶奶指着一片秋叶跟我说，树叶尚且懂得在果实飘香的时候，"熄灭"自己的光芒，留一份光华给它们。待到果实采摘完毕，树叶就又想了，果实都归仓了，我的使命也完成了，翩然地落在大树的脚下，这又多像长者对小孩子们的无声爱护。

听了奶奶的话，我从9岁开始，每年都要收藏一枚不一样的黄叶，夹在我的书页里，当书签用，也是为了时时提醒自己，像一片树叶一样做个智慧的少年，做个成熟的青年……

十月来临，秋风爽劲，走在林荫道上，不时有一枚枚落叶打着旋儿落下，这是最美的音符，也是最炫美的舞步。

点 评

作者营造了一种童话般的场景。季节的轮回，人心的浮沉。借由"我"和奶奶的对话一一表现出来。该文的写作风格，诗情恣肆，借用了多种修辞手法，阐释季节中所寄寓的人生道理。

似水流年

作家心语：人生是一场涅槃，一天涅槃一次，一年涅槃一次。

似水流年，一晃一年就走远了。坐在年终岁尾，看相框里的自己，真有一重伤感，不知不觉老去的年华，逐渐蔓延上来的鱼尾纹，潮水一样泛滥上来的往事，心酸的，甘甜的，苦涩的，平淡的，夹杂在一起，五味杂陈，这就是人生，季候末的人生。

人生是一场涅槃，一天涅槃一次，一年涅槃一次。一天的涅槃是以"日出日落"来计算，一年的涅槃是以桌面上的新台历来计算。一辈子的涅槃是以"两次哭泣"来计算，一次是自己啼哭，另一次是别人哭自己。

有的人一生是仓皇的一转眼，转瞬即逝，如过眼云烟；有的人一生是一条牵牵绊绊的线蛋，牵着时光的线走，仿佛永远找不到终点；还有的人一生是一本画册，一张一张地翻阅下去，每一张的风景都别开生面。

感觉国人最乐观的一种举动是"跨年"。一帮人守着电视，或在餐桌前，或在歌厅里，以各种不一样的方式"跨年"。仔细想想，是我们跨了年，还是自己从年华的胯下经过呢？很显然，对于年华来说，我们多数是无力的，只有逆来顺受的份儿。

很多人不觉时光已经远走，在终日的奔波忙碌中，偶尔在镜子里望见自己，惊诧地吓了一跳，原来我们成为这般模样。我们真的太忙碌了，以为自己还是小孩子，还很年轻，衰老距离自己远着呢，突然间和现实的自己劈面相逢，不禁感慨万千，原来我们距离那些旧时光已经太过杳杳。

当年篝火前歌唱的自己哪里去了，当年发疯写情书的自己哪里去了，当年骑单车去野游的自己哪里去了，当年为了看海买上一张绿皮车票就走的勇气哪里去了……

我们边走边迷失了自己。在太阳底下，奔波着，忙碌着。往往在淡蓝的月光下，才发觉自己已经丢了那个最初的自己，举着镜子问自己"我还是当初那个我吗？"

似水流年，我们在水上漂流的小舟，很难再逆流而上了。若真有这种机会，也只能在没完没了的梦里，在我们无尽的时光抒怀里。念去去，千里烟波，故人纷纷来。

★ 点 评

　　这是一篇写时光的随笔。通过"跨年"、"奔波"、"出行"等，解构了一张时光里的人物肖像图，也把饱满的人生哲理寄寓在其中。时光如水，我们每个人都是水上的小舟，在年华的旋涡里，我们倔强地搏击风浪。

小雪浅

作家心语： 小雪浅，时光浓。

小雪是一位邻家女孩吗？扎着马尾，穿着苏格兰裙，不化妆，或许还是个单眼皮，傻傻的很单纯，天真得可爱。

昨晚睡在床上看养生节目，养生专家讲，小雪节气一到，就是进补的最佳时机了，这时候，辛苦了一年的我们要好好犒劳犒劳自己。今早小雪，谯城无雪，没有机会到田野里去，或许那里干枯的秸秆上会有一层严霜，不痛不痒地结着，太阳刚出来，就杳无踪影了。

想起多年前，我还是个少年，天刚蒙蒙亮的时候，骑着羊角把自行车到镇子上的中学读书，到达学校的时候，发梢和手套上都结了一层霜，那是这个季节该有的现象。

只可惜，那层霜冻一眨眼就不见了，原本还在发梢上闪着晶莹的光，一进屋，晶莹就化作了"相思泪"，融了，浊了，一如那美好的年华。

至"小雪"，一年就要落幕，岁月开始出"演职人员表"了，马上就是"大剧终"，再稍后，就要开始新一轮"电视剧"的播放，在时光的放映机里，每个人都是无事的主妇，等着花样翻新的电视剧，等着或千篇一律，或与众不同的"剧情"。

小雪浅浅的，尚不能用"纷纷"来形容它。恰是因为这份"浅"，才有了那种稍纵即逝的珍贵。

记不清有多少场小雪，却是雨夹雪，在泥泞的乡村小路上，母亲扛着自行车送我上公路，村子距离公路十里，公路的那一头，是那所令人惧怕的学校。几乎每个孩子都有"惧学"的经历，但只要与同学们玩热络了，就不再孤单了。就像初冬一到，人会畏寒，稍微热热身，沿着河跑一阵，浑身都是热腾腾的气息。

乡间的小雪里，凝结着浓浓的亲情，不知道母亲在多年后是否会想起那时的小雪，想起那个跟在她身后，噘着嘴的孩子，如今，孩子的孩子都已经会噘嘴了，小雪依旧。

母亲每过一段时间，都要来看看孙女，怕是生分了，再见时尴尬。昨日，母亲来看孙女，抱着孙女亲了又亲，临回去时，女儿抱着母亲哭了，非要跟着母亲到乡下去。母亲后来打电话和我说，其实，她很想把孩子抱回来玩几天，但一想到明天就是小雪了，生怕冻着孩子。

我心里一酸，倏然想起当年，母亲也那样疼惜我。

小雪如隔，寒气一到，大多数人都要退避三舍，唯有在乡下生活的父母，他们对这份寒冷却格外亲昵，因为，田里还有没收完的辣椒、白菜、菊花……在一定程度上，那也是他们的孩子。

小雪浅，时光浓。

★ 点 评

　　小雪是一位邻家女孩吗？这是多么巧妙的一个开头。第一时间给你无比亲昵的印象，第一时间拉近作者与读者的距离。"小雪如隔，寒气一到，大多数人都要退避三舍，唯有在乡下生活的父母，他们对这份寒冷却格外亲昵，因为，田里还有没收完的辣椒、白菜、菊花……在一定程度上，那也是他们的孩子。"结尾也是用一个关乎"孩子"的比喻，起到首尾呼应的效果。

一枕晚凉，时光不忙

作家心语：枕上的时光，似黄昏的一抹斜阳。

在崂山北九水的一座度假村里小住过一晚，林木沙沙，夜莺隐隐，似有山泉的飞沫飘散而来，有淡淡的湿润气息。这时候，在一条长椅上坐下来，尽管刚刚立秋，已经有了不少凉意。

临山而居，有一种厚实感，坚实的山体可以庇护一切不安的因素；临山而卧，又有一种微微的惧怕，山坡上葱茏的草木不知道会藏着些什么。

这时候，若有一位知心朋友，与你唠叨人生，就愉悦踏实了。

远游他乡，知己也不在青岛，只得一番电话，直聊到眼皮发紧，窗外飘来隆隆的雷声，方才放下电话。夜虫也喑哑了嗓音，我和衣而卧，不知道哪里传来洪亮的钟声，伴我入眠。

这样的情境，让我想起多年前读到的高濂的诗《山晚听轻雷断雨》：山楼一枕晚凉，卧醉初足，倚栏长啸，爽豁凝眸。时听南山之阳，殷雷隐隐，树头屋角，鸠快新晴，唤妇声呼部部矣。云含剩雨，犹著数点飘摇，西壁月痕，影落湖波溶漾。四山寂静，兀坐人闲，忽送晚钟，一清俗耳。渔灯万盏，鳞次比来，更换睫间幽览，使我眼触成迷，意触冥契，顿超色境胜地。

真是"一清俗耳"。人在庸扰的生活里久了，是需要效法陶潜，来一次"躬身反自然"，在寂静的山林里彻底放空一下自己，重新打理一下自己的心绪，以便给生活一个崭新的自我。

　　我有个朋友，喜欢周末自驾车出去，找一处山林，落满黄叶的小路上，泡一杯茶，看会儿书，仰天眯一觉，顿感岁月静好。醒来时，吃一些自带的食品，用自带的炊具做饭，在清风幽幽的环境里，别有一番风味。

　　人年岁越大，就越喜欢安静，我刚过而立，也喜欢安静，别人都说我少年老成。我想，渴望清净，与人的年岁关联也不大，无非追求的就是一份"兀坐人闲"的雅兴！

　　人生到头来，也就两件事情最耐看：一是小蜜蜂采蜜，二是小眯缝一会儿打盹儿。

　　蜜蜂采蜜春来了，抽空打个盹，最完美的自我又回来了。

　　近来，太爱读高濂的《四时幽赏录》，每一句诗文都让人感觉风烟俱净，总想让人找个安静处，小眯一会儿，一枕晚凉，时光不忙。

★★★ 点 评

　　本文中的"一清俗耳"似乎可以概括本文的中心思想了。留宿他乡的一夜，清幽的情境至今让人流连。《山晚听轻雷断雨》《四时幽赏录》等古典作品给本文的悠闲增添了厚重的意味。作者又通过讲述自驾游等出行见闻，把着力点引到现实生活中来，给本文站稳了脚跟。

春在柳眉间

辽阔的皖北平原上，常见的是一树树绿柳。

一直觉得，柳树是最美的树种，通体俊秀，长发飘逸，朴素中透着一种淡淡的情怀在，像极了皖北地区的女子，不妖娆，不做作，天然一副端庄儒雅的做派，扑面而来一股贴心的气息，一下子就能攫取你的眼球。

最喜欢一个句子叫"绿柳扶风"，暖烘烘的春风一吹，绿柳的心事开了，柳芽拱出柳枝的束缚，在太阳底下吐出一瓣瓣儿绿意，这时候，绿芽亦是花，比柳絮要美，也比柳树要省心，柳絮一飞，人心痒动，这个季节多少显得有些不淡定了，因此，还是柳芽美。

中国的传统文化关于柳树的篇章太多了，写得最好的要数《诗经》。名句——"昔我往矣，杨柳依依；今我来思，雨雪霏霏。"让人想起爱人远征，折柳送别，悲壮中透着一份缠绵，雨雪霏霏时再把思念拿出来"点火取暖"，等得心都焦灼了，柳絮满世界飞舞，好似那春晚来的雪，感念的人又在哪里征战？

皖北亳州多柳，沿河而立，身段婀娜，每一棵柳树都让人想起一则缠绵悱恻的故事。听老人讲过这样一则发生在抗日战争期间的故事，那时候，古城亳州城楼上驻扎着一队日本兵，由于势单力薄，这些日本兵并没有像别地一样嚣张跋扈，但是，恶事也没少做。在城内，有一位向来富有血性的少年，对日本兵的罪行深恶痛绝，在一个雪夜作别他青梅竹马的邻家女孩，说要远行去他乡做药材生意。临走前，他从门前折断一棵柳树，说，柳树重生时，他会回来。是夜，他在这棵柳树上绑上棉花和旧衣物，泼上煤油，一个人扛着去了城楼。

那年的雪下得太大了，街面上空无一人，积雪处已然齐腰，少年点燃了那棵绑了棉花和衣物的柳树，一口气跑上了城楼……这一夜，据亳州人回忆，城楼上传来一阵噼里啪啦的燃烧声，各家各户的犬都叫得厉害。少年再也没有回来，城楼上的日本兵一个也没有出来。

第二年春天来的时候，少年门前的柳树发了一丛新芽，中间的那根最旺，不几个月就蹿出去老高，长得如同小手臂一样粗细，这一年，日本投降了，这棵柳树前不知道谁摆满了鲜花和吃食，延绵老远。也正是在那一年，柳絮满世界飞舞，似一曲春天的芭蕾。自此开始，亳州人每家每户都会种上绿柳，以纪念这位英勇的少年。

至今没有人能说出少年的姓名，有长者说，少年姓"柳"，我宁愿相信这是真的，因为绑在少年身上的也是一个关于"柳"的传奇。

又是一年春好处，隔河相望柳穿绿。再过几日，柳叶就要长得茂盛了，柳叶间常常伏着一只只黄莺，蹦跳之间，春天就深了。

老人们常说："春在柳眉间"。信然。

点评

完全可以用诗情画意来形容本文。本文写景优美，写故事苍凉悲壮，情景交融，写出了柳眉的婀娜，柳眉的动人。作为中高考学生，我们可以从这篇文章中汲取的写作方法是，情景的巧妙融合与统一。

草色

作家心语： 草色，就是草的气色。

初春，去乡野看草。

一枚枚草尖尖，似豆蔻年华小姑娘的眉，浅浅的，让我想起一个词：春如线。

是呀，春天总是线状的，乡野里，小河如练，远远地望去，是白色的；岸边的绿柳万条垂下绿丝绦，当然也是线状的；还有那小姑娘的腰肢，挣脱了厚重的棉衣，线条毕现。

早春，百草还不繁盛，百花还在枝条里做着梦，这时候，最适合看草。因为，这时候，草是主角，是鲜花的头站。

春如戏，草就是帮它"打虾旗"的卒子。

万千生息在春天里厉兵秣马、摩拳擦掌，都在卯足劲儿，等待春风发令枪一响，纷纷冲出土层，那些先于众植株的草，生命力最旺盛，最早知春，它们，是春天的心腹。

路边的茅草，车轮轧过，留下一缕香魂，不几日，又迎来新一轮繁盛的"草事"。

田里的荠菜，嫩香无比，这是最纯正的草香，也是人们餐桌上提前到来的"贵客"。

还有小蓟，刚刚冒出芽儿来，带着刺儿，它们是草界的"愤青"，提前冒出来跟春天"起哄"的。

草色遥看近却无。那些提前降临在这个春天的草木，是最适合远望的，远望，一片绿油油，近看，素多了，细多了，简单多了，像极了这个时间的诸多事物——不身临其境，永远无法了然真相，远远地看，也只能是隔空度物、隔靴搔痒。

有一种颜色叫"草青色"。"草青色"这个词给人一种扑面而来的清爽气息，也有一种中国风的意思，丝毫不亚于"青花瓷"的青，也能给人一种文艺小清新的感觉，家常中又透着一丝高贵，就是这么矛盾，也矛盾得这么有道理。

一场春雨如油浓，点缀在草尖尖上，像是在这个春天诞生的大头娃娃。清凌凌的，水润润的，在草间穿行而过，裤管上留存的是一丛湿漉漉的珠玉，这些珠玉瞬间润湿到衣物上，有一抹草的魂。若穿的是纯白色的球鞋，会留下一重草青色，那是这个春天最俏丽的水彩。

多年前的初春，背着画板和一群人到乡野写生，主题是画草，走近了看，却不着草意，没有办法，最终只能画了些鸭子，后来想想这与"草"的主题多少背离了点，后来取名"伏在水面上的草"，后来竟然还得到了老师的好评，或许是沾了草的运气吧。

也想起多年前在乡下老家的旧屋，入春不久，青苔就在砖阶上生出了，掀开帘子，一派草色，一股苏醒泥土的腥香盈满鼻孔，真有刘禹锡所写"草色入帘青"的意思。其实，草也不尽是青色，还有紫，譬如紫苏、炸酱草等，这些，是一个没有乡村生活经验的人所无法感受到的。

春日，东风一吹，脑海里映出无边的草色来，也想起那些在故乡的旧时光，依稀觉得那些时光也是草青色的。

点 评

读罢此文，有一股鲜活的青草气息扑面而来。

那些自然界里的茅草、荠菜、紫苏、炸酱草……一一排好了队，向我们赶来。词语和句段有时候可以带给人纷至沓来的美好，也能让人目不暇接。本文写景时，融入较多的情理在里面，深情而悠远。

年来

作家心语：世味年来发春华，新柳抚堤半露芽。

旧历年二十六，坐在办公室里，没有开空调，后背却汗津津的，异常的高气温，给我们带来了有史以来皖北最热的一个春节。或许我不是个好职员，身在曹营心在汉，单位的工作基本告一段落，心早就飞向了乡村老家，母亲这时候一定是在锅灶前忙活着煎炸烹煮，父亲一定拿着一根火棍，不停地往土灶里添柴火，这份"烧火人"的工作，父亲一直很喜欢，他常说，《杨家将》里的杨排风手里的柴火棍就相当了得，她是父亲的偶像。

街面上，大红灯笼高高挂着，沿街的小贩兜售着自己的生气，摊点上，连绵不断都是红色，中国人太爱这种颜色了，喜气逼人，热闹炫目。人，摩肩接踵，每每到了这时候，我是不愿意上街的，冷不丁的一个电动车冲出来，有可能就与你"擦身而过"，弄得腿上青一块紫一块，而我，又偏偏爱步行，不愿意做骑车的"施暴者"，索性还是窝在家里好。

窝在家里，吃上一杯枸杞茶，半袋子瓜子，啃上一本书，看累了，泡一场电视剧，或是看看央视（这时候央视最会调节氛围），年的感觉越来越浓了。想起年少时，每到过年，家里最常吃的都是麻糖、麻饼、麻叶子，总之是跟芝麻较上了劲，为什么吃芝麻？或许是为了取"芝麻开花节节高"的好彩头吧。

过年嘛，总要吃点甜的。年——黏。甜能给人带来喜悦感，黏黏糊糊的日子过起来才有滋味。想起小时候，大人们给小孩子压岁钱说："给，去买糖吃！"然后，我们屁颠儿屁颠儿地跑开了，不多时，嘴里哗啦啦的是糖果和牙齿的摩擦声。

一年又一年，岁月就这样跑远。孩子在年里长大，如我一样的青年人在年里慨叹流年匆匆，一眨眼，时光飞逝如电。老年人说："过着过着，儿孙比肩，自己也在人生深处越走越远了。"

世味年来发春华，新柳抚堤半露芽，隔篱呼取邻翁酒，吃罢此杯尝新茶。

点 评

这是一篇行文俏皮的散文，尤其是本文结尾"世味年来发春华，新柳抚堤半露芽，隔篱呼取邻翁酒，吃罢此杯尝新茶"，给人一种别样的美好与别致。

春天正在赶来，少安毋躁

作家心语：你想要的终会到，你且暗自微笑。

想起童年缺衣少食，一条旧棉被，已然漏了屋角的房子，被塑料纸盖着，屋内，母亲抱着妹妹，讲起寓言故事：小白兔的萝卜吃完了，冬天土地僵硬，长不出生命来，兔妈妈安慰小白兔说，孩子，春天正在赶来，请少安毋躁。

多年以后，我仍记起这样一个诗意的句子，春天在路上，繁花在路上，最好的时光在路上，我们还急什么，焦躁什么？

大多数人都不曾遇见最坏的境遇，即便现在处在泥淖里，也不必大呼悲伤，事情永远不是我们所想象的那样糟糕，尽管也不像我们想象的那样乐观。

怎样在逼仄的生命楼梯角赢取宽阔的生命阳台？我们理应怀揣一团热火，随时随地准备点燃你所面临的萧瑟的季节，让信念的火种燃烧凋敝，迎来新生，换取新一季柳绿花红。

不到万不得已，切莫轻言放弃。面对困境，我们是要留一份矜持的，好比跌入泥潭，不要随意乱扑腾，不然只会越陷越深，抓住身边一根结实的草根，相信这个不值一提的小生命，说不定，它恰恰就救了你的命。

淡看残荷，怀揣一份莲花红；淡看衰草，留取一份碧草青；淡看贫贱，虽贫犹清不落俗；淡看坎坷，笑到最后是英雄。

春天正在赶来，朝你赶来，带着希望和生机赶来，慌什么，急什么，她属于你，属于在等待中不骄不躁的心灵。

点 评

母亲总会充当智者，在我们年少的心路上，为我们指明方向，为我们讲述故事，本文，从母亲的讲述开始，引出想要表达的主旨：淡看一切，该来的终会来，不该来的强求也没有用。面对美好事物，我们只需做好自己手边的事即可。

第 **4** 辑

弯道智慧

生命不可能永远走直线，在大多数情况下，我们所处的位置恰恰是弯道。有人说，弯道最适宜超车，在我看来，弯道上也生长着茂盛的机遇，我们能做的是，抓住机遇，迎难而上。

第三碗酒敬给"敌人"

作家心语：那些敬给敌人的酒，最终将会化作火苗，温暖我们的心路。

瑞典有一家名叫欧拓普的上市公司，主要做的是通讯导航软件的开发，公司经营得如日中天的时候，拥有员工将近2000人，来自国内外的订单源源不断，可谓日进斗金。

然而，就是前几年，一次商业泄密，导致欧拓普公司的软件编程等内部机密全部泄露出去。与此同时，自己的商业竞争伙伴奇奥公司却凭借自己先进的软件，独占鳌头，一举拿下了欧拓普公司原有的大半订单。

屋漏偏逢连夜雨，就在这时候欧拓普公司的许多员工也纷纷跳槽，到了奇奥公司。欧拓普公司的发展一时间陷入了窘境。

眼看就到了圣诞节，欧拓普公司的老总在填写新年贺卡的时候，特别叮嘱办公室人员一定要填上奇奥公司的负责人，还有那些曾经从自己公司跳槽走的员工，另附上公司最近的发展简况，一连三年都是如此。

到了第四年的时候，欧拓普公司重新研发了多款新的导航软件，一举赢回了这个行业的半壁江山。这时候，欧拓普公司收到一条消息，原来欧拓普公司跳槽走的员工这时候打算再回来。

再回来？哪有那么好的事情？

当时，许多人都认为欧拓普公司不会再接受那些"吃回头草"的员工，可是，欧拓普公司的老总却做出了一个令人讶异的举动：凡原来从公司跳槽再回来的员工，悉数接收。

看到这里，你也许要问为什么。欧拓普公司给出的答复是：多年来，欧拓普公司一直保持每年给跳槽走的员工邮寄贺卡，目的就是让他们能够了解到自己"老东家"的发展现状，让他们不至于忘记欧拓普公司。这些老员工最了解欧拓普公司，等到欧拓普公司"东山再起"的时候，他们还应当是中流砥柱。

后来，欧拓普公司把昔日跳槽的公司员工悉数收归帐下，在全球通讯导航业的竞争中站稳脚跟，再也没有丢失自己的位置。

很多人把昔日从自己公司跳槽走的员工视为敌人，欧拓普公司的老总说，在这些员工跳槽之后的那段时间，我也曾这么想过，直到我在中国旅游的时候，看到了一部名叫《康熙王朝》的电视剧，我才改变了自己的想法。电视剧里，在康熙执政60年大庆上，康熙举起了三碗酒：第一碗酒敬给了太皇太后孝庄和列祖列宗的在天之灵，第二碗酒敬给了列位臣工和天下子民，第三碗酒他却要敬给他的"死对头"。康熙说："鳌拜、吴三桂、郑经、噶尔丹、朱三太子他们都是英雄豪杰呀，是他们造就了朕，是他们逼朕立下了丰功伟业。朕恨他们，也敬他们，可惜他们都死了，朕寂寞呀。朕不祝他们死得安宁，祝他们来生再与朕为敌吧！"

欧拓普公司的老总说，也正是听到了康熙这些话，他才猛醒并发誓一定要重整河山，把失去的"尊严"找回来。

第三碗酒敬给敌人，亲爱的朋友，你会吗？

★ 点　评

　　本文运用了欧拓普和康熙的成功案例，中西结合，充分把故事讲透，故事讲明白了，道理自然也就浮现了。康熙的一句"祝他们来生再与朕为敌吧！"表明了"持续的成功靠对手来成就"这样一个道理。是的，善待对手，其实，有时候和善待队友同等重要。作为年轻人，我们切莫忽视了对手对我们心灵潜力的挖掘。

丰子恺的床

作家心语： 一张床，有时候恰似一座祭坛，承载着一个人心灵的能量。

上海陕西南路三十九弄九十三号。丰子恺的旧居，也被叫作日月楼。很小很窄的一条路，车子都开不进去，楼是洋房，不大，花园也极小，像麻雀胃里的一粒秕谷。这是丰子恺先生"文革"时期的住处，在那段难挨的岁月，丰子恺感怀去日，感念来日，读书写字作画，打算就在这里度过他的余生。

提及丰子恺先生的旧居，就不能不提他的书房，房间里挂着他的画稿，桌上，放着笔墨纸砚，书桌上方有一盏电灯，简陋到不能再简陋。最让人纳闷的是桌子前放着一张床，大概也只有一米多一点，这样的床，就算是孩童睡上去也不宽敞，怎么个睡法？

问旧居里的人，难道丰子恺先生晚年身体佝偻了？

他们说，哪是，这张床丰子恺先生原本打算临时休息用，可是，大部分时间却都在这张床上度过，晚年的丰子恺先生一心赶制《护生画集》，常常挑灯夜战到很晚，又不想回卧室吵到家人，就将就着在这张床上休息了。

当时的丰子恺是生活在怎样窘迫的环境下，面对社会和精神的压力，他依然保持一颗童心，描摹自己的新月、孩童、茶馆等风物，把万千挫折都收藏在自己的一米卧榻上，一场酣眠之后，全部烟消云散。

感慨于丰子恺先生旷达心境的同时，抬头一望他书房里正挂着一幅联：星河界里星河转，日月楼中日月长。

　　本文是一个简短的游记文，作者通过自己在丰子恺故居所见的一个场景，充分表达了丰子恺先生的勤奋，由此，也足见，任何人的成功都不是一朝一夕所能成就。没有偶然的成功，就像没有偶然的贫穷。

给屎壳郎一条银河

作家心语：有了目标千斤重担我敢挑，没有目标一根稻草压弯腰。

2013年9月13日，一年一度的搞笑诺贝尔奖隆重颁奖。今年是第23届，与往届搞笑诺奖不同的是，本次搞笑诺奖首次向获奖者颁发奖金，奖金金额为10万亿津巴布韦元，约合4美元，相当于人民币25.4元。

该奖项由科学幽默杂志《不可能的研究记录》提供赞助，旨在探寻幽默背后的科学价值和积极向上的人生意义。

在今年的奖项当中，获得搞笑诺贝尔生物和天文学奖的是一个来自瑞典、澳大利亚、南非、英国以及德国的科研人员组成的国际科学家团队，经研究他们发现，"夜晚迷路的屎壳郎会借助银河找到回家的路"。

搞笑诺贝尔奖，本身就十分诙谐，颁奖现场，议程设置也极富童趣，这帮外国人就是幽默，透过"夜晚迷路的屎壳郎会借助银河找到回家的路"这一发现，我们可以悟到：即便是再卑微的生命也需要方向感，迷失了方向，生命也就失去了终极意义。

在本届颁奖典礼上，还有一个奖项也很有意思："当一个人认为自己喝醉时他也会同时认为自己的魅力值增加了。"这可不是"酒壮怂人胆"的意思，而是说，人往往在喝醉以后，勇气会让整个人变得更加自信。

透过本届搞笑诺贝尔奖，我们不难发现——

正所谓"有了目标千斤重担我敢挑，没有目标一根稻草压弯腰"。给屎壳郎一条银河，它们就有了家的方向；给迷路的人生一颗北极星，我们才不至于在生命的暗夜里方寸大乱。那么漆黑的暗夜之后，将是喷薄而出的日出和绯红的黎明。与此同时，我们还需谨记的是仅有了方向感还不够，方向感好比一辆车的方向盘，真正让一辆车加速马力向前跑的是油箱里充足的油量。这"油量"恰恰就是我们的勇气和力量。

给我们的人生一条银河，也给我们在生命的征程上奋勇起跳的脉搏。

点 评

"夜晚迷路的屎壳郎会借助银河找到回家的路"也许你会觉得这个命题十分可笑，完全没有研究的必要性。可是，确实有这样一些人他们真就这么做了。好比令人厌弃的屎壳郎也能通过银河找到回家的路，大多数时候，我们却找不准自己心灵的方向。

给弯路画上龙鳞

作家心语：梦想的战役上，有时候也需要"迂回战术"。

约翰·奥兹是美国加州的一位小市民，他热爱旅游，崇尚自由，20世纪80年代，看到美国旅游业一直没有一家像样的旅游公司时，他萌生了组建一家"人性化"旅游公司的想法。可是，一个小市民哪里有那么多资金可供使用，没办法，约翰·奥兹只得做了一名出租车司机。

约翰·奥兹开着自己的出租车每天奔波在大街、车站、各大旅游景点之间，他发现许多旅行团都是事先规定好了线路，在整条线路上，不得中途下车，就连购物，也被安排到指定的商店。一时间，游客们的期望值大打折扣，尤其是外籍游客甚至对加州和美国产生了不良印象。

看到这些，约翰·奥兹决定利用自己的微薄之力给前来坐自己出租车的外地游客尽可能做好服务，游客搭载约翰·奥兹的的士出行，约翰·奥兹会跟他们讲述一些本地风土民情，在哪里能买到最物美价廉的商品，哪里虽说不知名，但是比知名景点更好玩更纯粹……渐渐地，有游客开始跟约翰·奥兹索要名片，有越来越多的人包他的车出门旅游，一转就是一整天。约翰·奥兹是个热心肠，性格也开朗，适当的时候，看游客高兴了，约翰·奥兹还会为游客们唱一首本土风情的民谣。

后来，随着约翰·奥兹的"生意"越来越好，他有些应付不过来，这时候，约翰·奥兹开始邀请自己的同事加入到这份"事业"中来，当然了，这些同事必须要有责任心，对工作有热情，对游客怀有亲人般的亲昵。同事们也懂得感恩，对于约翰·奥兹介绍来的生意，他们会向约翰·奥兹支付一些信息费，约翰·奥兹并不白拿这些钱，他会定期给同事们讲述一些接待技巧，令大家都感觉很受用。

就这样，约翰·奥兹的梦想迂回包抄，在20世纪90年代，约翰·奥兹辞去了自己在的士公司的工作，带头成立了一家巴士旅游团。刚开始规模小，硬件也跟不上，但约翰·奥兹在软件服务上狠下功夫，逐渐赢得了游客的口碑。1995年后，约翰·奥兹的旅游巴士由5辆扩大到30辆，公司拥有近百人，2006年，约翰·奥兹的旅游巴士如日中天，他的旅游巴士除了具备别人具备的一切条件以外，最温馨的一点就是允许顾客在任何感兴趣的景点下车，公司会指派专门的导游和小汽车来接送。还有一点，这样人性化的旅游巴士消费仅为飞机票的40%。

这就是著名的"蜘蛛巴士"公司，如今已然成为全美巴士旅游业的翘楚，约翰·奥兹也顺理成章地成为了这家公司的老总。由一位出租车司机到一家响当当旅游公司老总，约翰·奥兹的成功案例是运用了梦想的"迂回战术"。

弯路蜿蜒，有太多的人，拖垮在崎岖的弯道上，而约翰·奥兹却顺着弯路沿途画上了龙鳞，于是，他当然"行运一条龙"了。

★ 点 评

世界上没有一帆风顺的成功，只会有一往无前的努力。故事的主人公约翰·奥兹利用了迂回包抄战术，最终通过绕道，变着法子实现了自己最初的梦想。他的故事告诉我们，宏大的梦想不可能一蹴而就，我们只有一步一步来实现。

害怕是最好的捷径

作家心语：迎"怕"而上，一定会把害怕变成稀松平常，在命运的山谷收获漂亮的回响。

我小时候特别爱哭鼻子，受了邻居家的孩子欺负会哭，考试考不好会哭，想要好看的衣服得不到会哭，就连自己摔倒了也会哭。

后来，在我六岁的一天夜里，我因为想要一盒蜡笔母亲没给我买，我一怒之下掀翻了桌子大哭，父亲抱紧我，兀自朝着村庄后走去，直走到那片黑压压的树林里。那个树林里布满了坟头，是我和小伙伴们谈虎色变的场所。

父亲走到那里，把我扔到树林里就往回跑，我被吓得魂飞魄散，先开始大叫，后来，没追几步，就发现父亲不见了。那一刻，我噤若寒蝉，被吓得竟然止住了哭泣，疯狂往家跑。快跑到家门时，听到身后跟随着一个大口喘气的声音，我简直不敢看，后来想想，人们都说鬼很可怕，我非要看看鬼的模样，鼓足信心猛回头，才发现，是大口喘气的父亲，他满头大汗，原来父亲一直在身后跟着我。

再后来，上了小学，成绩也不怎么理想，经常望着成绩单唉声叹气，父亲并没有批评我，走过来问我，你在班里，最害怕谁？我说，当然是第一名。父亲说，那你就跟他较劲！

为了追赶第一名，我挖空心思地学，千方百计地问，终于把第一名的"头把交椅"放在了我的屁股底下。当我再次把成绩单拿给父亲时，父亲笑着看我说，人最怂的就是屁股，最英雄的就是两条腿，我们跑细了双腿，目的是给屁股一个坚强的安慰，这是一件矛盾的事情，化解矛盾的唯一办法就是把"害怕"踩在脚下，它是你的风火轮。

上了大学以后，首先想到的就是就业，大学四年，我都很迷茫，许多人想着到大都市去打拼，我却心想着，父亲就我一个儿子，还是回家工作，给他们养老为好。一次谈心，我把自己的想法告诉了父亲，父亲说，儿子，你只管去努力，别管我们，你前程似锦了，我和你妈就"枕着你的锦缎"安享晚年了。但是，儿子你还应该知道，取法乎上仅得乎中，取法乎中仅得乎下，你若是朝着县级城市的目标去努力，你最后连乡镇也得不到。

我谨记父亲的话，瞄准省里的一线工作岗位去努力，尽管最终我还是回到了故乡工作，但是，我始终是单位里的佼佼者，宁做鸡头，不为凤尾嘛。现在想想，父亲一路在心志上为我拔高，我也在恐高后，开始如履平地，这一切，都是心底的那样一份隐隐的"害怕"帮助了我。

有人说，获得自信的最好方法就是去做令你害怕的事情。是的，面对"害怕"你两股战战，最后只有变成心志上的"破烂"，而你若能迎"怕"而上，一定会把害怕变成稀松平常，在命运的山谷收获漂亮的回响。

害怕，有时候，也是最好的捷径。

点　评

世界上有一种理智叫"害怕"，一个天不怕地不怕的人必然是不可交的。只有内心有所敬畏，才会时时刻刻战战兢兢，时时刻刻如履薄冰，才会逐渐走向成功。作者通过亲身讲述的方式，为我们阐明了"害怕，有时候，也是最好的捷径"这一道理。

好纸一年成

作家心语： 好纸一年成，过程不可省略。

提及文房四宝，就不能不提泾县的宣纸。这种宣纸制作工艺极其复杂，书写起来，有着巧夺天工的舒适感和仪式感。外国人对此也十分好奇，曾经专门研究其中的化学成分，依照相关工序，专门制作出来了不少宣纸，但是，无论如何，总达不到中国泾县宣纸的效果。

这是为什么呢？

外国人也深知，宣纸制作工艺极其复杂，大约需要近108道工艺，其中，仅仅在制作材料上就有24道，制作草料22道，配料3道，还有制纸，全都要手工操作，非机器所能代替。但是，为何如法炮制，还是制作不出中国宣纸的水准呢？

原来，制作中国宣纸，需要泾县特产的沙田稻和青檀皮。

据专业人士介绍，这种沙田稻，是生长在沙土壤里的麻壳籼稻，其木素和灰分含量比普通泥田生长的稻草低。沙田稻的秸秆收割后，还不能立即使用，尚需要打捆，然后在泾县特有的山泉水里浸润上一两个月，然后再放入石灰水中渍灰，再腌灰，洗涤干净，捞出来摊放于坡度为45度的石滩或者山坡上。经长期日晒雨淋，反复翻动，在日光、氧气、水分综合作用下，颜色由黄变白，进行缓慢的"天然漂白"，而后成为燎草，方可用来制作纸浆。仅这一燎草过程，就需要将近一年的时间。

这些程序，用现代化科技手段可以代替吗？

显然不可以。

有人曾专门采取一种叫作"过氧碱法"的燎草制浆工艺制作出来纸浆，一化验才知道纸浆中稻草枯叶薄壁细胞含量高，这种宣纸脆，极易折断，缺少了绵软感，且易变色，发黄，这种制作工艺还会对环境造成极大的污染。

用青檀皮造的宣纸又是如何产生的呢？

要在青檀树长到"5岁"左右的时候，把它们的枝条砍下来，照样用山泉水冲洗至发白，然后用专业的锅灶蒸，然后再浸润，剥皮，晾晒直至干燥，仅仅如此还不够，还需再加入石灰与纯碱或草碱再蒸，去其杂质，洗涤后，将其撕成细条，晾在朝阳的坡地上。用这样的材料打浆，配比，才可以制作出高水准的宣纸。这套程序下来，也需要一年左右的时间。

这就是宣纸的"成才"记。有人说，想法只在一念间，付诸实施却需要一年成。台上十分钟，台下十年功。好的纸张，好比是一个人的成才和成功，都不是一蹴而就的，都需要历经数次"冲刷、磨炼、晾干、配比"之后才可以获得。

如果你想成才和成功，请你切莫省略这样一些过程：用流言蜚语"冲刷"，用千辛万苦"磨炼"，用烈日"晾干"浮躁，用团队精神来给自己"配比"……

好纸一年成，成功人士的修炼又何止"一年"？

★ 点 评

　　作者通过宣纸的制作工艺来阐明：对品质的追求，永远是企业的生存法则。然后，把宣纸的制作与人的成功与成才来类比，得出这样的道理：如果你想成才和成功，请你切莫省略这样一些过程：用流言蜚语"冲刷"，用千辛万苦"磨炼"，用烈日"晾干"浮躁，用团队精神来给自己"配比"……

黄永玉的猫头鹰

作家心语：目光如炬，只为点亮一盏心灯。

黄永玉先生曾有一段艰难的人生经历，那是"文革"以后，自己的房子好端端被分掉了，只留下一间给他住。那房子黑压压的，连个窗户也没有，完全看不到一丁点儿天空，如此阴暗的居室里，黄永玉先生并没有抱怨时运不公，也没有对当初迫害自己的人充满怨恨，而是在闲下来的时候，拿出自己的画笔，先在墙上画一扇窗子，并在窗口里画上阳光和鲜花。画完这些以后，黄永玉先生觉得，心里一下子就亮堂了。

后来，黄永玉先生还在墙上画了许多猫头鹰。对于为什么画猫头鹰，黄永玉先生的回答是："这个猫头鹰好容易画，有的人要我画，我就打个圈，脑门上加两点画个嘴巴，容易对付。"

实际上，谁都知道，这里面是有深意的。猫头鹰在漆黑的夜幕里两眼能发出幽兰的光芒，这光芒，像两盏灯，能够让猫头鹰捕获猎物。而这些猫头鹰，对于黄永玉来说，就是一盏盏心灯。

至于为什么画猫头鹰，黄永玉先生面对媒体的提问欲言又止，他说："这里面有一个故事。这个故事就不讲了，背后搞鬼的人，不但我觉得没有意思，讲给你们听，你们也会觉得没意思，那个社会那个历史就是这样，没有什么意思。你写文章讲话，天天骂这个人，既耽误你的时间也耽误我的时间，没有必要，要往未来看，不要管这些。还有一点，我自从画了猫头鹰，引起很多人注意，我不能一辈子靠画猫头鹰过日子，是不是？老吹猫头鹰就没意思了。"

无疑，黄永玉先生是智慧的，面对往日那些迫害自己的人，他一笔勾销，不回顾，不涉及，不口诛笔伐，而是用阳光的心态朝着明媚的明天看，内心平和，宠辱不惊，不怨天尤人，只关照自己的内心，所以，在交际处世上，黄永玉先生也是宽容的。

点　评

作者借黄永玉先生那段艰难的经历入题，进而阐述黄永玉先生为何"笑对坎坷"，如何在艰难的境地里自娱自乐。最终表明宽容的美好。宽容，原来可以这样富有智慧，原来可以这样活色生香。

假如生活欺骗了你

作家心语：假如生活欺骗了你，我们也别忘笑着获得生命的意义。

他原本的梦想是做一个农场主，可是，因为战争爆发，他不得不参军，做了一名军人。战场上，他冲锋在前，立功无数，可是，在一场战役中，一枚飞来的炮弹片让他失去了一条腿，他昏迷了，不知道被谁抬进了医院……他慨叹，命运对他太不公，让他从此依靠木头腿过余生。

她原本是想做一名优秀的医生，救死扶伤，把人从生死关口拉回来，在这期间，她爱上了一名主治医师，可是，这个医生却在英吉利海峡的漂流中溺亡，从此，她郁郁寡欢……她埋怨，没有得到上苍的垂青，得到的只是诅咒。

再后来，怀揣着沮丧的他和她相遇了，在照顾他的同时，她爱上了他。

命运让他们负负得正，两个曾对生活充满抱怨的人，结合在一起，结出了幸福的果实，他们有了一个可爱的女儿。两人把所有的希望都寄托在女儿身上，女儿爱好文学，尤其喜欢写作，夫妻二人就倾尽所有满足她。

他们的女儿31岁那年开始蜚声文坛，2007年，年逾八旬的她获得了诺贝尔文学奖。他们的女儿就是多丽丝·莱辛。

多丽丝·莱辛的父母在将近一个世纪之后，用自己的女儿向世界宣告：假如生活欺骗了你，请不要埋怨，要慢慢等待，潮水退后，彩色贝壳会奇迹般地在生命的海滩上闪现。

我们真的不能因为一次挫败就从此丧失信心。

★ **点 评**

本文运用了典型的悬念式叙述手法，把一个人的坎坷写得如此艰难，把一个人的窘境写得如此心酸，最终揭开谜底，原来他们正是诺贝尔文学奖的获得者多丽丝·莱辛的父母。多丽丝·莱辛之所以如此成功，如此有才气，不能不说与她的父母有关系。生命往往就是这样，沉得下去，才能浮得上来。

冷门淘金的智慧

作家心语： 不钻犄角旮旯的人，往往也找不到阳关大道。

史蒂芬还在上大学的时候就是一位文艺发烧友。他是各国影星、体育明星、歌唱明星的追捧者。每逢国内有了演唱会，各大赛事，各大影视颁奖典礼，史蒂芬都会买票参加，通常要坐最前排。可是，史蒂芬的父母都是工薪阶层，对于史蒂芬对各大明星的追捧和追随，他们付不起高昂的追星费用。

20世纪八九十年代，磁带十分抢手，史蒂芬就在校园摆摊，做起了兜售磁带的生意，都是各大排行榜上受热捧的明星，他通常1.5美元购进，2美元卖出，每个月能赚30到50美元不等。

史蒂芬初步尝到了创业的"甜头"，在其毕业后，就开起了音像店，销售磁带和光碟，一干就是10年，除去房租和日常开销，再除去自己追星的费用，年终的时候，自己还有一笔可观的收入。

然而，史蒂芬的生意"好景不长"，随着MP3、手机等多种播放工具的迅速普及，史蒂芬的音像店很快陷入"门可罗雀"的境地。开始，史蒂芬还能勉强维持开支，但是，看不了各大明星的活动赛事了，后来，史蒂芬竟连房租也交不上了。

无奈之下，史蒂芬开始收拾门面，准备停业。就在史蒂芬收拾磁带和光盘的时候，无意中发现了自己多年来收集的各色海报：影视红星、体育明星、政坛要员、财富巨擘……当时，史蒂芬眼前一亮，既然磁带和光盘市场冷清，我何不开一家海报收藏店呢，专门为发烧友们提供服务。

说干就干，史蒂芬立即装修了门面，摇身一变，音像店成了海报收藏专售店。他一边以自己多年来的收藏为基础，一边广泛从网上搜集购买别人收藏的海报，汇总到一起，没想到，仅仅一个季度，收入竟然比往常一年的还多。

瞅准了其中的时机，史蒂芬还尽全力联系了多家电影制作公司和明星经纪公司，从那里买来了第一手原创的海报和画报，这就让史蒂芬的产品有了"源头活水"。

个性就是商机，史蒂芬通过销售海报，不仅增加了收入，而且扩大了店面，实现了连锁经营。如今，史蒂芬的海报经营已经开到了40余家，年收入实现5000万美元。

正所谓"不钻犄角旮旯儿的人，往往也找不到阳关大道"，生活中的许多事物，在其冷门的背后，往往藏着一份炙手可热的事业，就看你有没有去闯的勇气和善于发现的眼睛。

★ 点 评

人人皆知成功的路上充满了辛劳与汗水，遍布了荆棘与坎坷。但为众多人所不知的是，有些智者总能发挥自己的聪明才智，越过这些坎坷，巧妙地抵达另一个光辉的彼岸。这就是我们故事的主角史蒂芬在做的。变个方向接近成功，这样人才能了然成功的真谛。

莫以炒作换虚名

作家心语：浪得虚名，只会随浪来也随浪去。

明末清初，有位名叫庄廷铖的富商，为了出人头地，博取一些功名，就四处短摸，终于发现有文人正在编写一部明史稿，庄廷铖突然发觉机会来了，他花巨资买下了这本明史稿，署上自己的名字，派人刻印成书，并笼络了数百名文人为自己鼓吹，说这是有史以来文辞最美，记述最精准，最具参考价值的明史稿。这些被邀来的名士文人还纷纷为庄廷铖题名，以示此书的珍贵之处。一时间，经由大肆炒作的明史稿洛阳纸贵。许多官宦人家想买到此书都很难。

恰在这时候，有个名叫吴之荣的县令"有幸"拿到了一本。他发觉这本所谓的明史稿，压根就不是什么真正的好书，而是被炒作出来的，这里面有许多是辱骂清廷的文字，不堪入目。吴之荣曾是个有过牢狱经历的人，后因有人举荐，才勉强弄了个县令。吴之荣早就想东山再起，一直苦于没有机会，这下子，发现庄廷铖的反书，总算是找到了一次咸鱼翻身的机会。他赶忙上书朝廷，说庄廷铖意欲造反，弄了这么一本辱没大清先祖的书籍，实属谋反。

皇帝立即让人拿来庄廷铖"所著"的明史稿，一看，果真如吴之荣所言，立马下旨，判了庄廷铖以及所有在明史稿上签名的名士文人以极刑。

以庄廷铖案看他的人生悲剧，是源于小人"吴之荣"的陷害吗？恐怕根源还不在这里。正所谓"苍蝇不叮无缝的蛋"，庄廷铖本性轻浮，一心想着贪慕浮华，又不能脚踏实地去干，靠着偷梁换柱的本事，干着一些炒作吹嘘的买卖，最终浮华如云，还招致了一场血雨腥风的杀戮，自己也在这场杀戮中断送了生命。

看来，人还是诚实一点好，踏实一点好，生命本没有捷径，人生如舟，诚实和踏实是左右双桨，摇动此桨，我们才能乘风破浪。否则，只能是浪得虚名，最终还难逃被时代的大浪淹没的危险。

★ 点　评

虚荣是一把双刃剑，纵观历史，有太多的人被虚荣的绊马索绊倒在地，跌得头破血流，有很多人甚至付出了生命的代价。作者运用了贪虚名的庄廷钺做例子。足见，作为年轻人，还是勤奋务实的好，虚荣往往会迷惘了心灵，断送了前程。

为英国王室宣读圣旨的人

作家心语：人往往在轻松愉悦的氛围下，更容易做出奇妙的事情来。

7月22日，伦敦，圣玛丽医院外，民众和媒体记者人山人海，他们都在焦急地等待着一个天大的好消息，英国威廉王子与凯特王妃的第一个孩子出生。

是男孩，还是女孩？是小王子，还是小公主？一切都在焦急的期盼中，下午4:24分，凯特王妃产下一个重约3.8公斤的小王子，在媒体尚没有发布消息的时候，等待的人群中走出来一位身穿英国礼服的老人，他手捧"圣旨"，向全世界宣告了小王子降生的喜悦消息，这个王子，还被戏称为100年来，英国王室"最重"继承人。

一开始，人们都以为，这是英国王室别出心裁的宣告方式，殊不知，这位宣读"圣旨"的托尼·阿普尔顿老人并非王室安排的公告员，而是自发行动。尽管这样，当天，托尼·阿普尔顿的形象也喜气盈门地出现在各大媒体的重要版面。

阿普尔顿在接受采访时承认自己并未获得王室任命。他说："我是保王主义者，我热爱王室家族。"

这位老人，在一个喜悦的时刻，成功地跟全世界媒体开了个玩笑，据说，就连美国和澳大利亚等国的许多媒体都误报了阿普尔顿代表英国王室正式宣布王子诞生的消息，搞笑的是，这个玩笑，就连英国王室也微笑处之。

这个为英国王室宣读"圣旨"的人，在对的时刻，以如此滑稽的方式，做了一件对的事情，为整个世界增添了笑饵，一个多么大胆的阿普尔顿，一个多么幸运的阿普尔顿，一个多么有趣的阿普尔顿。

阿普尔顿，以草根的心态，做成了官方的仪式，这仪式让所有人看起来都觉得雅俗共赏，分寸把握得如此到位。

阿普尔顿说，我就是英国王室的粉丝，因为开心，所以给一个开明的王室开了一个开放的玩笑，我不是一个有心人，只是喜悦轻松的环境让我如此"胆大妄为"。

由阿普尔顿看世间的诸多事物，不难总结出这样一种规律：人往往在轻松愉悦的氛围下，更容易做出奇妙的事情来。这个为英国王室宣读"圣旨"的人，无形中也向世界宣告了一个难能可贵的生命奥秘。

★ **点　评**

英国威廉王子与凯特王妃诞下第一个孩子。原本这只是一则新闻，却因一个热衷闹笑话的阿普尔顿，整个事件变得越来越有趣。这则新闻，经由作者的润色与重新复述，从别样的角度发掘了故事的另一番意义。

我不会对你们说谎

作家心语：言行如一的人，往往能拥有更多的朋友。

美国时任总统卡特受邀到得克萨斯州的一所学校做演讲。不料，因为交通阻塞，迟到了半个小时。

到了演讲台的时候，卡特总统不停地道歉说："对不起，我没有管理好美国的交通，让你们在此等候了这么长时间。今后，我一定要下大力气解决好交通问题，不让大家为此耽误这么宝贵的时间。"

就在这时候，台下一个大胆的高中生高声问卡特总统："你能保证说到做到吗？"

听了这位同学的话，卡特笑了，说："我这个人不会说谎，放心吧，孩子，我一定说到做到。"

"好吧，我代表美国市民为你的这个承诺做一个见证！"这位高中生不依不饶。

作为国家元首，卡特日理万机，但谁也不承想，卡特总统回到白宫以后，第一件事就是拿出自己的积蓄，在老家农场建造了一座房子，没事的时候，自己待在乡下的房子里，大家看到卡特总统都这么做，也争相"赶时髦"，于是，许多富商和中产阶级人士也纷纷效仿卡特总统，在乡村庄园购置土地，这么做，逐渐缓解了城市交通的压力，恬美的乡村风光，纯净的乡间空气也有助于他们修身养性，真可谓一举两得，很快在美国形成了一种"返乡"风潮。

两年后，当年得克萨斯州向卡特提问的中学生已经上了大学，看到美国的交通现状改善得如此之好，写信给卡特总统说："你真是个言行一致的人，你很伟大。"

卡特幽默地回信说："我在用毕生的精力做到你这句话的前半句，至于后半句，我说的就不算了！"

后来，卡特总统的任期结束以后，回顾自己在白宫工作的经历，出版了一本书，名字就叫《我不会对你们说谎》。如今，卡特总统仍然居住在美国乡间，他说："我本人从一个小村庄长大，我本人并不是很赞成所有人都移居到城市，我很喜欢乡村的生活。"

卡特在用自己的言行向世人表明：说到做到，仅仅是完成了承诺的一半；一辈子不与自己许诺的事情相抵触，才是真正的言行守一。

点 评

诚实守信，始终如一，说一不二。不单单是对普通人的要求，美国总统卡特也这样做，榜样的力量是无穷的，且做得这样好。守信的卡特一生都在用一则信条来指导自己："你真是个言行一致的人，你很伟大。"这是别人写给他的信，也是他内心对诚信的坚守。

心障不是障碍，而是心灵的屏障

清乾隆年间，一位潦倒的文人，含辛茹苦地过着生活，但在他的心里，一直都有一个梦想，那就是写一部能够"吃得开"的小说。这部小说既要让王公贵族们看到自己的生活场景，又要让平头百姓看出点趣味来。

于是，他下定决心，就开始动笔了，写了几年，并数易其稿。终于做成了抄本，哪知道在流传过程中，却屡遭人非议，说他写的都是淫邪之事，作风低俗，不堪入目，还有的说他是抄袭《金瓶梅》……

还有一部分王公贵族索性就恐吓他，说他指桑骂槐，写的事情触及了自己的利益，甚至就连宫廷里的一些妃子看了他的小说抄本，也十分不满，说他这是在讽刺自己或自己的亲人，有些人甚至烧毁了他的手抄本，还有的要加害于他。

这时候，他已经穷困到了极点，一度用绳子做床，用瓦片煮粥，心力交瘁。面对这样重重窘境，他也曾一度想到了放弃，不就是写本小说嘛，至于弄得自己如此潦倒？可是，也有相当一部分人喜欢他的小说，说他写出了当今社会的一些现状，在艺术审美上也有很高的造诣。

面对骂名和褒奖，他骑虎难下。

那段时间，他心境灰暗极了。他幽居在郊区的一座老宅里，屋前，篱笆重重，还故意设置了些屏风，并在门前加了两三道厚重的帘子，每一层纱窗上，还糊了些纸张，生怕见到外面的阳光，也怕别人认出自己。

一天，一位友人来访，看到他门窗外挂着的帘子，开口一句："老兄，你的帘子千万重，让我知晓见你一面真是荣幸呀！"

朋友还说，世间事总是如此，越是不容易得到的东西，就越是好东西，就好比我这次寻你，屡遭失败，最终，还是查到了你的蛛丝马迹，寻见你在藩篱里。这也好比你写的小说，越是不容易，越是有意义，你几乎是用血泪写成，哪能是一些"蟹类"所能了然。

朋友的一番话惊醒了他，他发愤图强地坚持写下去，小说终于赢得了越来越多的人认可。

他就是曹雪芹，这部小说就是《红楼梦》。

曹雪芹用自己的事迹印证了这样一个道理：一定要突破自己的心障，因为，心障不是心灵的障碍，而是心灵的屏障。

点 评

同样是说理文，作者的解构方式永远别具一格，总能找到曝光率最少的案例，来阐释看似简单的道理。"一定要突破自己的心障，因为，心障不是心灵的障碍，而是心灵的屏障。"这句话说得多么诗情，然而生命的玄机恰恰就深藏在其中。

幸运青睐这样的人

作家心语： "勇敢"加上"不满"，幸运之神就会紧紧把你追赶。

20岁，是一个怎样的年纪，现如今，许多20岁的年轻人还未脱离父母的娇惯。而就在蔡尚思刚满20岁的时候，他已经在心里默默埋下了"求却此生无数师"的梦想，写下了"人生无处不青山，死到沙场是善终"的惊笔之句，然后只身赶往北京。

1925年的北京，是学术大家和新思潮的积聚地，这里云集着全国最著名的学者名流，蔡尚思最想拜见的还是梁启超。深秋，他迈着勇敢的步伐走进了清华园，遇见国学研究院办公室的领导，他开口就说要见梁启超。

当时，任国学研究院办公室主任的吴宓接待了他，说："梁先生这时还没有来，如果你想找大学问家，我先引荐你去见另一个人。"

蔡尚思一惊，忙问："谁？"

"王国维你听说过没有？"

"当然听说过。可是……"蔡尚思有些胆怯。

吴宓说："别害怕，我带你去。"

蔡尚思高兴极了，从未想到过还未见梁启超先生，先见到了王国维，于是，壮着胆子，诚惶诚恐地到了王国维先生的办公室，王国维先生丝毫没有架子，听说有这样一位热血青年，很和蔼地和他谈天，两人一直谈了很久，蔡尚思先生要拜王国维为师，王国维欣然应允。蔡尚思很受感动和鼓舞。

梁启超到达清华以后，经吴宓引荐，蔡尚思很快就有机会拜会到梁先生，可是，蔡尚思却犹豫了，他恐怕见到梁启超先生后会因激动而语无伦次，事先写好了一封书信给先生。哪知道梁启超见到蔡尚思的书信后，惊呼："具见深思，更加覃究，当可成一家之言。"

要知道，当时的中国，人若有机会拜两位大师当中的一位为师已经够幸运的了，蔡尚思两人皆拜后并没有就此沾沾自喜，后来，他还先后到天津等地拜著名唯识学家梅光羲、教育学家蔡元培、历史学家陈垣、柳诒徵等人为师，可谓拜师不倦，收获不止。

蔡尚思先生总结说："王国维教我治经学与勉励我不自馁、自限；梁启超鼓励我成一家之言研究思想史，陈垣教我言必有据，戒用浮词；梅光羲最鼓励我治佛学；蔡元培在教育行政上做出最好榜样并介绍我执教大学。"得到这些名师的教诲，后来的蔡尚思终成一代大家——著名历史学家，中国思想文化史研究专家。历任上海大夏大学讲师，复旦、沪江、光华、东吴大学和武昌华中大学、无锡国专教授，沪江大学副校长、代校长，复旦大学历史系主任、副校长、顾问……

蔡尚思先生是勇敢的，初生牛犊不怕虎，20岁始，先后拜到王国维和梁启超两位大师门下，"厚土养苗"；蔡尚思也是"不满"的，他并没有找到一位大师，就"背靠大树好乘凉"去了，而是孜孜以求，唯进步不止步；蔡尚思先生当然是幸运的，几乎所有他拜会到的人都欣然收他为徒并毫无保留地传授他知识。或许我们可以这样说——"勇敢"加上"不满"，幸运之神就会紧紧把你追赶。

点评

作者用这样一个标题，瞬间增加了文章的悬念，幸运到底会青睐什么样的人呢？作者借由蔡尚思的真实事例来说明幸运所青睐的，往往恰是对自己的现状不满，又能通过自己的勇敢，来驱散阴霾的人。

一家书店的警醒

作家心语：创意，总会给我们带来不竭的商机。

在英国伦敦街头，开着一家美食书店，这家书店除了有看不完的世界各地名著和畅销书之外，还专门开辟了一间厨房，这间厨房，自1994年开始，每周二至周六，轮番有名厨来这里上演"美食戏法"，他们会针对书店里的美食类书籍提供的菜谱，现场演示给读者看，以印证书店里所提供的图书是何其有用。

这家书店里提供有逾8000本的美食类图书，可以说，这些图书涵盖了全世界各地的美食，让你在读万卷书的同时，不用走万里路，就能领略各国美食。因此，这里也被誉为是全球"最好吃的书店"。

在这里你可以为你的孩子做一道水果沙拉，也可以为你的爱人做一份甜美的巧克力，如果你是一个中国迷，当然也可以做一道红烧肉，总之，你所能想到的，书店都会想方设法做给你吃。

这家书店的内部设施简约至极，书店把所有的注意力仿佛都投射到书籍上。这家书店里的书分类精细，且有词条备查，方便快捷，仅仅是饮食类的书，就分为"主食、肉、糕点、汤羹、蔬菜、酒水饮料"等多个门类，还有许多与美食有关的社会科学类书籍以及美食小说，值得一提的是，仅仅是这家书店里有关中国菜的书籍，就占据了大半个书架。

在书店的"检验厨房"区域，有专门的顶级大厨为你当场献艺，做这家书店所售书籍里的美食让你品尝，要知道，这些厨师通过这家书店逐渐走红，有的干脆也做了美食作家，有的成了美食节目主持人，因此，也可以说，这里不光是知识的殿堂、美味的殿堂，也是造梦和造星的殿堂。

在"检验厨房"里，每天总有层出不穷的菜肴，但这家书店里的菜肴一般很少接受读者预定，许多人提出质疑，为什么不可以预定呢？这家书店的老板埃里克夫妇说，如果你要预定菜肴，干吗不去餐馆，何必要来书店呢？

有人问埃里克夫妇，怎么想起来开这样一家书店？

埃里克夫妇感慨良深地回答：现如今，爱读书的人越来越少，我这样做的目的，无非是利用美食的诱惑力让书架上的书逐渐鲜活起来，美食可以带给人阅读的欲望，也可以带给知识灵性，给它们插上翅膀，不信，你可以看那些食客，吃得多津津有味，看得多神采飞扬！

无疑，作为书店的老板，埃里克夫妇是智慧的，他们以美食为跳板，让知识在美食的推动下顺利跳入越来越多人的视野；同时，埃里克夫妇也是伟大的，或许他们的餐馆式书店盈利不了多少钱，可是，他们却用一家这样的书店提醒我们，无论到任何时候，一切和知识牵手的事物都是美味的。

据了解，现如今，在上海、纽约等地，也效法伦敦这家书店，把"厨房"搬进了图书馆，可以让那些在知识海洋里游弋的人毫无顾忌地在此品尝知识和美食的双重大餐。真是美妙，这算不算得上是一家书店的警醒呢？

点　评

把餐厅引入书店，这在许多人看来是不可思议的事情，可是，有些书店就真的这样做了，且收到了与众不同的效果。作者借由此文，说明了这样一个道理，勇敢地打破僵局，化腐朽为神奇，你总能驾驭着自己的新奇战车在命运的征途中披荆斩棘。

用福克纳的矛攻击福克纳的盾

海明威向来敬重福克纳，而福克纳却总喜欢拿海明威开玩笑。平日里，一些小打小闹，海明威都不介意，但有一次，福克纳"玩"得有些过火了。

那是在1947年，福克纳在与密西西比大学生见面会上，有学生问福克纳，如果让你列举美国当今最重要的作家，又只能列举五位，你觉得他们是？

福克纳口无遮拦地说："一、托马斯·沃尔夫——他很有勇气，他的写法好像自己没多长时间可活了似的。二、威廉·福克纳。三、多斯·帕索斯。四、海明威——他没有勇气，从没有用一条腿爬出来过。他从未用过一个得让读者查字典看用法是否正确的词。五、斯坦贝克——我曾一度对他抱很大希望。可是现在，我说不上来。"

福克纳竟然把自己排在第二位，可真够不谦逊的，这也就算了，可偏偏要说海明威是个懦弱的人，且作品太过浅显易懂。

不料，福克纳的这次谈话却被记者披露在次日的报纸上，这份报纸又恰恰被海明威看到，海明威这就不高兴了，心想着："我对你这么好，你这位老兄还长我一岁，怎么说话这么不靠谱？"海明威原本想着申辩，后来觉得，如此骂战，只会让报界欢欣鼓舞，于是，他灵机一动，把那篇福克纳骂他的新闻稿从报纸上剪裁下来，并把它邮寄给了自己在军队的老领导和朋友朗哈姆将军。

朗哈姆将军收到海明威的信以后，转瞬明白了海明威的苦衷，如实把海明威在行伍期间的英武之举原原本本地告诉了福克纳，海明威在战场上做出了卓越的贡献。他多次对敌我双方的军事情况做了实地调查和报告。为了取得第一手资料，他不顾个人安危，冒着猛烈的炮火在各战场进行采访。朗哈姆将军还强调说："毫无疑问，厄内斯特（海明威）是我所接触的人中最为勇敢的。"

福克纳收到朗哈姆将军的信之后，顿觉脸颊发烧，自知言论过失，让海明威名誉受损，很对不住他，赶忙写信向海明威道歉说："我干了一件蠢事，我得了二百五十元的稿费。我原先没想到报纸会发表我的讲话……我向来认为人言可畏，自认不背后议论别人。这次是我最后的一次教训。但愿你不会过多地介意。不过，我无论何时何地都愿意再次向你表示歉意。"

同年，海明威在哈瓦那的美国大使馆获得了铜质星字勋章，再一次证明了海明威的勇敢。

面对福克纳的污蔑，海明威并没有立即回应，让事态进一步扩大和恶化，而是选择了让知情人士证明自己。正所谓，自己说自己行的人未必就行，让别人说自己行才是真行，而说自己行的人也要行才可以。海明威仅仅用一张剪报为自己解围，恰恰印证了海明威"不争"的智慧。

点 评

历史上，古今中外的文人都有相互讥讽的案例。福克纳就犯了这样一个毛病，公然向媒体说出自己近乎污蔑式的成见，海明威听到这些挑剔，丝毫没有恼羞成怒，而是冷处理，用事实证明自己，最终挽回了颜面，还让福克纳懊悔不已。可见，澄清自己的最好办法，就是冷静找到污点的对立面。

悦人者众，悦己者王

作家心语： 自我愉悦的人，永远是命运的王者。

他一开始也就是一个玩"杂耍"的艺人，每天走街串巷，把脸蛋涂抹得像个小丑，为了招揽生意，他弯腰都在90度，一整天下来，逢人便笑，遇人就恭维，即便如此，一年到头算下来，也剩不了几个钱。眼看着，人过中年，事业无成，终日跑江湖，总觉得低人一等，但若是不做，自己身无长物，一家人都要挨饿。

一次，他到一个镇子去演出，偏偏遇上了连绵的阴雨，一下就是七八天，眼看着这个月过去将半。在他居住的旅馆里，他眉头紧锁，唉声叹气，这可怎么办，一家老小还等着自己去挣钱糊口呢，若是雨再这样下下去，这个月可就要撂荒了。

这时候，他看到一个擦皮鞋的老师傅忙完了最后一单生意，吹着口哨往外走，回家去，去找自己的老婆孩子热炕头。他的叹气声更大了！擦皮鞋的老师傅说："先生，要不，还是让我来帮你擦个鞋，解解闷吧，顺便我们聊聊。"他连连摇手拒绝了，满脸愁云。擦皮鞋的老师傅在他面前停下来，和蔼地笑着说："要不，我不收你的钱好不好？"

实在太闷，找个人说话也好，他答应了。老师傅边擦皮鞋边与他聊起来。

老师傅说："你干吗闷闷不乐？"

他把自己的忧愁缘由告诉了老师傅。

　　老师傅听了，哈哈笑了，说："原来是这样呀。这就是你的胸怀不够了，你自己都愁云不展，怎么可能用自己的杂技逗乐别人？要想给别人一碗水，自己要有一缸水呀！"

　　"可是，我一家人都在等米下锅呀！"他辩解道。

　　"你为什么不能自己去种米呢？"老师傅继续说，"你老是想着东奔西跑，取悦于别人，有没有想过开一家马戏团，让天下一流的杂技师傅都来给你打工，你坐在老板椅上乐呵呵地享受管理和领导者的乐趣呢？"

　　"我也这样想，可是，我哪有这个钱？"他依旧提不起精神来。

　　擦鞋老师傅停下了手里的活儿，把鞋箱子里所有的钱都倒了出来说："这是我一天所得，年轻人，你拿去，作为你的第一笔启动资金吧！"

　　"这怎么可以？"他连连推辞，擦鞋老师傅提着鞋箱子消失在雨幕里，再也没有回头。那个下午，他一直在回味擦鞋老师傅的话，与其老想着取悦别人，倒不如通过做大做强自己的事业平台，取悦自己的心灵，让梦想成为自己的银行。

　　偏巧的是，不多时，天光大亮，雨停了，太阳露出笑脸，他走了出去，搭台子，化妆，演出，这一次，他比以往都要卖劲。擦鞋老师傅的话像一团团火苗燃烧在心间，他越演，心里越亮堂了。

　　后来，他联合了许多流浪的艺人，逐渐组成了一个小规模的马戏团，他要求所有艺人在上台前，必须嗅一嗅随身携带的太阳花，悦人者众，悦己者王。他坚信：心里装着花的人，才能让观众心花怒放。取悦自己是取悦别人的先决条件。

　　再后来，他的马戏团越做越大，演员来自20多个国家，成了世界一流的演出团体，年收入9亿美元，谈及自己的成功，他永远记得那个擦鞋老师傅的话，也记得那个下午雨停后太阳的笑脸，他给自己的马戏团取了个名字：太阳马戏团。

点 评

　　作者通过太阳马戏团创始人成功的案例，来说明人只有擦亮自己的心空，才能去照亮别人，只有自己心神洞明，才能映出别人的光辉倒影。而现实生活中，太多的年轻人总想着如何去改变别人，却不知道时下的自己仍是一塌糊涂。

越谦逊，越藏名

作家心语：低到尘埃，才能开出花朵来。

1919年的时候，画家刘海粟偶得两幅古画，很是喜欢，挂在书房日日观瞻。突然有一天，刘海粟在一幅画上发现了"关全"两字，甚为惊奇，难道这真是关全的真迹，若是，那可就赚大发了，关全是中国五代时期的大画家，在世界美术史上也是不可多得的殿堂级人物。

为了弄明白到底是不是关全的真迹，刘海粟央人把这幅画交给吴昌硕鉴定，吴昌硕拿到这幅画也不敢怠慢，经过再三鉴定，吴昌硕确信这的确是关全的真迹，乃稀世珍宝，简直不可用金钱来衡量。

刘海粟一听，大喜过望，他转念一想，吴昌硕是我国近、现代书画艺术发展过渡时期的关键人物，"诗、书、画、印"四绝的一代宗师，吴昌硕的作品在收藏界也一直受到热捧，若是在这幅画上能够得到吴昌硕的题诗，那岂不是锦上添花？刘海粟亲自拜会了吴昌硕，把来意告诉了吴昌硕，哪知道吴昌硕听了，连连摇头说："我哪里够格呢？这张名贵的古画快一千年了，要是佛头着粪，把画题脏了就愧对古人！"

刘海粟很是失望，揣摩着，莫非是没有给吴昌硕润笔费？于是，他找到了吴昌硕的外甥，还备上了厚酬，再请吴昌硕题诗。最终，还是遭到了吴昌硕的拒绝，吴昌硕解释说："不是我珍惜几个字、一首诗。古画是历经磨难的幸存之物，一题字就弄坏了。你回去告诉刘海粟先生，千万不要找人题诗题字，切记！"

后来，刘海粟有机会见到了吴昌硕，吴昌硕指着刘海粟收藏的那幅关仝的画说："你有没有发现关仝在自己的画上题字很小？"

刘海粟点头。并问："为什么？"

吴昌硕说："五代时候的画家，以题字不被人发觉为荣，他们这样做，是让人关注画作，而非谁的画，这才是真正的大师，他们唯艺术，而不唯名头。"

刘海粟听了，更对这幅画以及吴昌硕先生肃然起敬。

从关仝到吴昌硕，印证了这样一点：越谦逊，越不会显山露水。这才是大师们的智慧。他们深谙：作品才是名头的根，离开作品，一切虚名都如浮云。而谦逊，却能让人更加淡泊沉稳地触摸艺术的灵魂内核。

点 评

作者通过画家刘海粟的两则事例来阐明"谦逊永远是第一美德"这一道理。吴昌硕拒绝在名画上题诗，表达的是人永远不要把自己看得太重，否则别人就会把你看得很轻；关仝故意缩小自己的题款，也证明了大师唯艺术不唯名头显现了自己的艺术修养。

职工食堂里的管理学奥秘

作家心语：深入基层，才能收获真金。

他是一家跨国大公司的老总，这家公司由他创立并一度领航全球电子行业。可是，最近一段时间，他发现公司经营业绩不像以前那样直线上扬了，而是有了下坡路的迹象，症结在哪里呢？他决定深入到基层，听取一线员工的呼声。

要上车间去查看吗？显然不合适，员工都在忙工作，即便是领导到来，也无暇谈心，况且，就算有员工愿意和你谈心，旁边还会站着车间主任、部门主管、业务经理等等一大帮领导，员工哪能敞开心扉，这样只是做些无用功。

一天，他在看电视的时候获得这样一条信息：人往往在进餐的时候心里最没有压力，所以，许多人在开导人时多喜欢在餐桌上，和事佬也多在餐桌上运筹帷幄。于是，他灵机一动，何不到职工食堂里去。

他果真去了，谁也没带，更可喜的是，当他走进食堂，并没有人能认得出他就是公司老总。于是，他深入民间微服私访的效果极佳，他在职工食堂的餐桌上和职工吃一样的饭菜，饭后促膝谈心，他看到一些一线销售人员工作不在状态，一些技术攻关人员怨气冲天，一些基层员工没有幸福感……通过交谈发现，原来大部分员工都是奔着公司的"宽厚臂膀"来的，不料，真正投身到公司的胸怀里才发现，有一些科长之类的中下层领导并不鼓励员工创新，即便是默许，创新报告打上去，也会遭遇层层审核和扣压。员工的才能施展不开，抱负实现不了，甚至存在有些中下层领导"警告"员工不要越级考虑事情，做好自己的分内事就行了。

了解到这些症结以后，他回到自己的办公室叫来相关领导对症下药，总能药到病除。很快，公司一次次被激活，一次次在遭遇难题后化险为夷，谁也不知道这些都是他从职工食堂餐桌上收集来的"民意"，而这些"民意"恰恰隐藏着管理的制胜法宝。

他就是索尼公司创办人之一盛田昭夫。提及索尼的辉煌，许多人都说是盛田昭夫在职工食堂的餐桌上创造出来的。盛田昭夫的管理学恰恰印证了这样一句话：丢下架子，你往往能架起事业的卓越，而时时端着架子做事，不知不觉中，你就会被摔在时势的马下。

点 评

作者通过讲述盛田昭夫的真实案例，来突出表达基层员工的声音，足可以撼天震地的强大功效。名人稿件的写作，最忌流俗，作者用自己丰富的哲理给这则事例镀上了一层金辉。集中阐释了"民意"中恰恰隐藏着管理的制胜法宝。

只因我们有着一样的不堪

作家心语：蹲下身子，与众人一个角度看问题，往往会赢得更多的追随者。

法庭上，罪犯声泪俱下地认罪，并在庭审即将结束的时候，高声对着亲友席上的母亲喊着："我是个不孝的儿子，我早该听您的话，否则……"警察把罪犯带走了。

陪审团的席位上，一位男士站了起来，走到法官跟前，他请求在下午与这个罪犯见一面，由于出手伤人，罪犯把人的一根肋骨给打断了，不得不入狱服刑，而就在三年前，这位罪犯曾经犯过偷窃罪入狱三年，十年前，他还曾犯过抢劫罪。

陪审员在一个下午取得了探视的机会，他跟那个罪犯商谈，要照顾罪犯年逾七旬的母亲。

罪犯很不配合，质问他说："你发什么慈悲？像我这样无药可救的人，任何人都不愿意接近我，你是不是在嘲笑我？"

"不是，请你理解，我的确是想帮助你。我的母亲和你母亲年纪相仿，我最了解这个时候老人缺什么。"

罪犯掩面痛哭。

陪审员继续补充说："既然犯了错，就应该好好接受劳教，可是，你要知道，你的母亲还生活在苦寒中，我可以替你照看她，直至你从这个地方走出去。"

罪犯告别了陪审员，并对他千恩万谢。

陪审员走了，他立即去了罪犯家里，一位老妇人左眼患有白内障，正望着窗外默默流泪，风烛残年，又接二连三遭此打击，他对儿子又恨又爱。

罪犯的母亲对陪审员说："其实都怪我，我们家庭条件这么差，我不争气的身体偏偏多病，为了给我看病，儿子才不得不数次铤而走险。"

陪审员留下一笔钱，还有一些食物和衣物，离开了。自此以后的七年，陪审员每月都来看罪犯的母亲，七年后，罪犯出狱，他非要请陪审员喝酒。陪审员答应了，酒过三巡，他问陪审员，为什么对他这么照顾？陪审员说，只因他们有着一样不堪的经历，在他12岁的时候，父亲入狱，年轻的母亲一夜白头……

那天，酒毕，陪审员送给年轻人一本书：《雾都孤儿》，翻开扉页，年轻人看到作者的照片和陪审员长得一模一样。原来，这位陪审员就是狄更斯。

★ 点 评

这是一则真实的故事，在作者精美的文字编辑下，赋予了它新的历史色彩。作者讲述了狄更斯用自己的大爱帮迷途年轻人解疑答惑，最终帮其走出了身心的泥淖。一篇文章若想抓住人的心，写大爱永远是捷径，名人又让这条捷径开出了花朵。

第**5**辑

如沐春风

　　人是社会的动物，生在自然界，不可避免地与周边的人与物体发生着千丝万缕的关系，这也就是所谓的"交际"。交际是一门智慧，现如今的图书市场上，畅销着"交际三十六计"等书籍，而在我看来，交际的"计策"只有一条，那就是：心中有爱。

丹青负我

作家心语：烈士暮年，壮心不已。

身为一代艺术大师的吴冠中，是把西方油画和中国画结合得最好的中国画家。他曾在国内国际获得大奖无数，还曾被法兰西学院艺术院以高票选举为"通讯院士"。因此，他还被誉为"艺术诺贝尔奖"中国第一人。然而，谁承想就是这样一位如此出色的艺术大师，却对文学有着由衷的偏爱。他曾说："美术是我的配偶，文学是我的情人。鲁迅是我的文学之父。"

吴冠中谦逊地认为自己"有负丹青"，对自己所从事的美术行业却存在着"自我鄙夷"，甚至认为是文学累及了自己的生活。他曾经这样感慨："我很痛苦，那么有一些老人呢，他们一样地老了，心态很平和，他们反正不搞什么创作，老了也去散一散步，走一走，坐一坐，但是我觉得很苦恼，都老了，却感情不老，性格不老，就苦在这里。"

看到这段话，你若是认为吴冠中只图晚年的安宁，不思艺术创作，那就大错特错了，他这是"老骥伏枥"的叹息，是"烈士暮年壮心不已"。不甘心老去，同时，自己也闲不住，关键是他不愿意闲着。

吴冠中还直言不讳地说，是"丹青负我"。在绘画之余，吴冠中创作了大量的文学作品，他坚信，如果自己不是忙于俗务，可能要比这高产得多。吴冠中十分看重文学的社会功用，他曾这样直言不讳地说过："鲁迅我是非常崇拜的。我讲过一句很荒唐的话：300个齐白石比不上一个鲁迅。那时受到很多攻击，说齐白石和鲁迅怎么比较。我讲的是社会功能。要是没有鲁迅，中国人的骨头要软得多，我不该学丹青，我该学文学，成为鲁迅那样的文学家。从这个角度来说，是丹青负我。"

从"我负丹青"到"丹青负我"，不仅让我们看到了一代大师的谦逊和进取不止，也让我们看到了他对国家和民族的勇于担当。

点　评

通过本文，作者告诉我们，永远不忘向着生活的光明处努力，向着生命水域的肥美处游泳，这样，我们才能成为令人尊敬的人。

何必将错就错

作家心语：错而能改，不文过饰非，善莫大焉。

安徽亳州是神医华佗的故乡，作为一代神医，华佗济世苍生，深得人们爱戴。华佗死后，人们为了追慕其仁爱之风，在亳州建了一座华祖庵，在每年九月九日华佗的寿辰，做祭祀活动。1961年，华祖庵增设了华佗纪念馆，并请郭沫若先生题写馆名。馆名写好之后，众人愕然，原来，郭沫若先生竟将"华佗纪念馆"的"佗"字写成了"陀"。

纪念馆负责人礼貌地问询郭沫若先生，是不是写错了字。郭沫若先生略微沉思后答复：是故意为之。考虑到华佗先生的医术精湛，且有大爱之心，在人们心目中皆以佛陀看待，故而写作"陀"。

这么一解释，倒也合乎逻辑。可是，有许多学生在游览过华佗纪念馆之后，在作业上常常把华佗写为"华陀"，问其何故，答复是"郭沫若先生都这么写"。

我们也无从得知郭沫若先生是不是一时疏忽写错了，后来故意编造了理由给自己开脱。但是，挂在这样的公共场合，供人观瞻，这个"错误"实属不该。

同样是写错了，刘海粟也干过。

有一回，刘海粟和黄胄两位大师应邀参加恽南田纪念馆开幕式。仪式上，黄胄画了一幅《陶渊明赏菊图》，然后请刘海粟题款，刘海粟也欣然应允，提笔写了这样一副对联："鼓素琴歌离骚，对秋月霜月高"。孰料，因为疏忽，刘海粟把'秋菊'错写成了'秋月'。旁边有人小声提示他，写错了，刘海粟不紧不慢，继续写道："黄胄画，刘海粟题，年方八十八岁，秋菊误写秋月，吾真老矣。"

看到刘海粟先生这么写，现场掌声雷动。

生活中，许多人喜欢将错就错，甚至用谎话为自己文过饰非，误导后人，贻害晚辈，若犯错的是公众人物，影响力就更大，副作用就更强。其实，转念一想，何必将错就错，认错就这么难吗？从郭沫若先生给自己"打圆场"，到刘海粟先生"勇于题款认错"，这背后的深层次意义，值得我们大家深思。

★ 点 评

一处景点，一个错字，一位名人，错字却被赋予了新的含义。看得人寒意阵阵，错怎能变成对呢？那岂不是混淆视听。作者用郭沫若先生给自己"打圆场"，刘海粟先生"勇于题款认错"相对比，说明了"对待错误的态度不同，境界不同"这一道理。

像梁启超那样饶人

作家心语： 网开一面，美德自现。

去天津梁启超纪念馆参观，导游声情并茂地为我们讲述了梁启超的宽厚胸襟。

1926年，当时，正是新思潮和新文化萌芽之时，但是，国人对西医仍存芥蒂，许多人认为给人开膛破腹还能活命吗？然而，梁启超却极力推崇西医，早春二月，自己因尿血住进了北京协和医院，经诊断，梁启超的左肾已经衰竭，需要火速切除，这可是一项不小的手术。

考虑到梁启超当时的声名，医院决定成立一个由中外专家联合组成的治疗组，专门为梁启超动手术，当时，由该院的院长、留学哈佛的医学博士刘瑞恒亲自主刀，中美医生一旁辅助，手术正式进行。经过数小时的努力，手术结束。

这时候，一看X光片，众医生全傻眼了，原来，由于护士在梁启超的肚子上标错了动手术的位置，加之主刀医师没有核对X光片，医生误把梁启超先生的右肾给切除了。

消息不胫而走，舆论哗然，当时，梁启超的诸位学生和好友都是政界、文化界出名的人士，他们联合在报上发文，声讨北京协和医院，认为他们把人的生命当成儿戏。梁启超的学生徐志摩等人，还要把此事诉诸法律途径来解决，北京协和医院一时间慌了神，不知如何是好。

这时候，病榻上的梁启超知道了此事，赶忙在报上发表了一篇名为《我的病与协和医院》的文章，文中，梁启超肯定了协和医院的医术，说他手术后，病情明显好转，说，切除右肾，错不在协和医院。还赶忙通知其学生，不要状告协和医院。

许多人对此事都不理解，其实，梁启超是怕因自己手术失误而让全社会对刚刚兴起的西医产生拒绝情绪，所以，他说："我盼望社会上，别要借我这回病为口实，生出一种反动的怪论，成为中国医学前途进步之障碍。这是我发表这篇短文章的微意。"

三年后，梁启超因为身体原因，在北京协和医院病逝，享年56岁。谁都能想到，若不是当年手术失误，梁启超可能不会那么早去世。梁启超病重以后，仍不忘叮嘱，表示愿意捐献自己的遗体以供医学研究，其情殷殷，大爱无疆。

梁启超得饶人处且饶人的胸襟，不仅说明了他对西医的贡献，更重要的是，他敢于以自己的生命为代价，给别人的错误放一条生路，这样的宽容，理应引起所有人的深思。

点　评

作者运用梁启超先生的手术失误说开去，手术失误，最终导致梁启超先生因此而亡。先生却一派君子之风，没有追究医生的手术失误，他深知，以自己的影响力，若是公告医生过失，肯定会给医生带来灭顶之灾。梁启超先生选择宽容，也给后世留下了他的高风亮节。

唐太宗为何拒绝反季节蔬菜

作家心语： 子曰：不时，不食。

唐朝时就有反季节蔬菜？

是的，这话可不是我杜撰的，据《汉书》载："太官园种冬生葱、韭、菜茹，覆以屋庑，昼夜燃蕴火，待温气乃生。"当时，这种温室烧火种植的反季节蔬菜时兴过一阵子，后被东汉安帝刘祜知道了，认为这是"不时之物"，恐吃下对人身体无益，于是下令废止。

唐太宗时期怎么又出现反季节蔬菜呢？

《资治通鉴》卷一百九十八载："庚辰，过易州境，司马陈元璹使民于地室蓄火种蔬而进之。上恶其诒，免元璹官。"

这应该是公元645年11月17日，当时，唐太宗出兵归来，路过河北易州（约辖今涞源、涞水两县），易州司马听说唐太宗要经过此地，特意率先让老百姓建造了温室，每日烧木炭在温室侧旁，增高温室的温度，这才种出了许多反季节蔬菜。如此做法和东汉时无异，可是，种植反季节蔬菜的人这回可没有好下场。

唐太宗看到陈元璹对自己如此殷勤，势必不理民生，花费了不少人力物力，决不能滋生这种腐败诒媚的典型，于是下令，罢免了陈元璹的职务。

历史皆言皇家饮食奢华，由此唐太宗"拒食"且"罢官"两种举措，不禁让人为之击节而歌。也正因为唐太宗的这种做法，我们对一代明君又增添了一重崇敬。

老子言，道法自然。反季节蔬菜逆势而生，先于正常蔬菜上市，可谓是抄了时令的"近道"，谄媚的人实际上也恰如这种反季节蔬菜，本想抄近道加官晋爵，孰料终被清明的人断了"后路"。

看来，无论是为官还是为人，还是清淡些好，君子之交淡如水，即便是上下级之间的交往，也没有必要非得挖空心思"抄小道"，蔬菜还是守道才美味，人生还是安分点美好。

点　评

通过此文，我们可以科普一下，反季节蔬菜，自东汉就有。但很快被废止，到了唐太宗时期，唐太宗也对反季节蔬菜深恶痛绝，并下令对种植反季节蔬菜的人予以严惩。由此，不难发现，勤政为民、踏实工作，才是第一要务，不要老想着溜须拍马抄近道，反其道行之，其实，这不光是逆天道，也是逆人道。

因为特立独行，所以命运垂青

作家心语： 做自己，照样可以如此精彩。

许多人，许多事，似乎都逃不开这样一个道理：因为特立独行，所以与众不同。

她生来就是一个与众不同的女子，喜欢独处，不喜欢与人交流，闲暇时候，别人都在侍弄玩具，她却独自留在房间里，随便写写画画，抒发一些自己的闲情。那时候，她不知道什么是文学，只知道兀自写下去。

她的少年，家世没落，她只得做女招待、烟叶采摘工和图书管理员，她最喜欢做的是图书管理员，因为，这样有助于她的写作。她写的东西与别人不同，她喜欢写一些发生在故乡的人和事，这些在别人看来是鸡毛蒜皮，她却"敝帚自珍"。

20岁，她恋爱了，为了追求真爱，她果断从学业中抽身，结了婚，且养育了四个孩子，婚后，她多半是伴随着女儿的酣眠写作的。那时候，许多人都在写长篇，认为那才是王道，她却坚信，短篇小说是一把匕首，能够直击社会心脏。

不料的是，正在她迎着非议和压力，潜心投入到短篇小说的创作时，女儿早夭，这一沉重打击，让她许久缓不过神来。后来，她化悲痛为力量，把伤感嫁接到女权主义运动之中，成了一个骄傲的女权主义者，为女性权益奔走呼号，并创作了相关文学作品，引起了社会各界的关注。

　　人们说，灵巧的人总能左右逢源，37岁，她的第一部短篇小说集问世，且大红大紫，赢得了总督文学奖。她的创作终于赢得了社会认可，可是，与此同时，她的婚姻却后院起火。此刻的她已经年届不惑，因为感情危机，她不得不和爱人分道扬镳。

　　没有爱情，她把亲情和文学当成了自己的手杖，继续前行，她心境依然乐观阳光，像个天使。

　　四年后，她才再婚，第二任丈夫是个痛快的人，两人相爱的原因在别人看来荒诞不经，丈夫在追求她时一口气喝光了三杯烈酒，她们就像烈酒一样相恋了。她做事总是这样让人意外，好在，命运总是对她有所偏爱。不知道是个性使然，还是早已注定。

　　因为特立独行，所以与众不同，因为与众不同，所以命运垂青。她是爱丽丝·门罗，2013年10月10日，她以诺贝尔文学奖向世界证明，做自己，照样可以如此精彩。爱丽丝·门罗的超凡脱俗，她的不落窠臼，多像是一弯明月，让那些世俗的繁星兀自"眨它们的眼睛去吧"！

点　评

　　因为特立独行，所以与众不同，因为与众不同，所以命运垂青。这是爱丽丝·门罗的毕生信条，也正是这一信条，让她攀上了自己事业的巅峰。通过此文，也是在告诫青年人，要坚持自己内心的信条，不要随波逐流，不要人云亦云。

子弹也应给人尊严

作家心语：尊严，在悄然处闪光。

作为20世纪最具影响力的作家之一，英国著名作家乔治·奥威尔的作品带给人的印象总是"一代人的冷峻良知"，这份良知，不了解乔治·奥威尔的人很难想象，其实，这份良知是来自他对自我人生的体悟。

乔治·奥威尔在很年轻的时候，就患了肺结核和不育症。乔治·奥威尔深知其中的痛苦与折磨，他想告诉世人怎样苦中作乐，于是，他就写下了小说《1984》，当时，他的身体瘦弱得像一副骨架，两条腿像是深秋的高粱秆，架不住他已咳嗽得发红的脑袋。即便如此，他还是要把自己经历的痛苦以及如何克服写进自己的作品里，以极其诙谐幽默的方式，给后来人提供精神营养。

乔治·奥威尔说，他是在给病痛折磨下的灵魂以尊严。

所以，尽管疾病让他饱受痛苦，他总是想方设法地给身在危难时刻的人以尊严，所以，他甘心用自己的不堪换取别人生活的绚烂。

1936年，乔治·奥威尔远赴西班牙参加了反法西斯战争。一天，当他作为一名狙击手发现对面不远处有一名敌兵的时候，他瞄准了敌兵，那是一个光着脊背的男子，正提着裤子，猥琐地站在草丛边小便。乔治·奥威尔知道，这时候，如果开枪，十拿九稳，敌兵肯定是跑不掉的，可是，就在这时候，他看着敌兵解开的裤袋，还有趔趔趄趄的士兵走开了，他放走了那个法西斯的走卒，原因是："一个提着裤子的人已不能算法西斯分子，他显然是个和你一样的人，你不想开枪打死他。"

可想而知，这时候，如果乔治·奥威尔扣动扳机，那个敌兵一定会死得很难看，一丁点尊严都没有。面对两军对垒时血的杀戮，乔治·奥威尔选择让这个敌兵在其最放松的状态下安然走脱，乔治·奥威尔说，子弹，在这时候应该给人以尊严。

当乔治·奥威尔意欲扣动扳机的手凝滞在那里的瞬间，我们看到的不光是一位伟大的士兵，一位伟大的作家，更是伟大而闪光的人性美。

点　评

"一个提着裤子的人已不能算法西斯分子，他显然是个和你一样的人，你不想开枪打死他。"作者通过这个故事来告诉我们，永远不要乘人之危，永远不要对一个弱者使用暴力，哪怕他是你的敌人，你也应当开诚布公地向其宣战。

害羞可能会害了你

作家心语： 害羞，有时候，真会害了人。

12年来，我一直不敢面对这件事情。直到今天，我敢于向大家说出来，不为表白，只为忏悔。

那一年秋夜，我们一家人在父亲的诊所刚吃过晚饭，就看到大姑一脸木然到父亲的诊所来了，她一边掏出1000元钱对我说："孩子，这是给你每一年的压岁钱，从今以后，大姑就不能再给你，你每年抽一张吧，10年后，你也该长大了，能挣钱了，到时候，别忘了去给大姑'送点钱'。"

父亲看大姑神色张皇，赶忙拉住大姑的手，这才发现她手冰凉，整个身体都在抖，大姑哇一声哭了，说："弟弟，我不能活了，我刚才吃了药，打算就此和这个世界别过。"

父亲并没有慌乱，赶忙让母亲跑到大姑家去看，一看才知，大姑吞下了整包老鼠药，如不赶紧洗胃，大姑随时都有生命危险，老鼠药奇毒，通常老鼠吃了，三步即倒，对人起作用也相当快，父亲一边帮着叫人给大姑洗胃，一边嚷嚷着："前几天，邻居周大爷曾误服老鼠药，打过一种名叫解氟灵的针剂，赶紧去拿。"我听到这里，当即飞奔出去。

很快就跑到周大伯家，由于天色已晚，他家早已入睡，加之，周大伯是从城里刚退休回到乡村居住，对我并不熟悉，我迟疑了一下，徘徊再三，终于鼓起勇气去叫门，叫了约莫三分钟，里面传出一个声音，谁呀？

　　我报上了我的乳名，哪知道他们并不知道，我犹疑了一下，只得说出父母的姓名，并且说明来意，周大伯对我仍有芥蒂，这时候，母亲来了，他们才肯打开门，拿到解氟灵，我夺过来，飞奔跑向父亲的诊所，这时候，已经聚拢了很多人，"怎么这么慢？"父亲向我吼道。

　　解氟灵很快被注射到大姑体内，可是，因为毒性发作太快，最终还是没能挽回大姑的生命。亲戚当中，大姑最疼我，拿我当儿子来疼惜。大姑断气时，我差点哭昏过去，我一个劲儿地扇自己耳光，都怪当初自己太害羞腼腆，在门外徘徊的一两分钟，很可能是造成大姑离去的重要原因。

　　大姑走后的一年内，我都不能走出自责的阴影，尽管多年后，我认识一位非常权威的医师说，吞服老鼠药一整包，神仙也无力回天，可是，我仍觉得，如果当初不是我那该死的害羞心理在作祟，大姑也许会少受一些罪。

　　大姑离去的时候，才50多岁，她生活在一个重男轻女的家族里，在邻人面前，总觉得自己没有生儿子而抬不起头来，大姑生了三个女儿，个个如花似玉，可是，这也并不能抹去大姑内心的自卑。确切说，大姑也是自卑的，因为封建观念。害羞让大姑得了抑郁症，这也酝酿了悲剧的发生。

　　多年后，我上了大学，学的是新闻采访专业，找工作的时候，也曾因我性格内向害羞而失去了好多机会，求职失败后，大姑常常出现在我梦里，她鼓励我说："孩子，害羞什么，勇敢点，阳光就在前方。"

　　后来的我，因为大姑的"一席鼓励"而变得活泼开朗，这才有了如今在职场轻松应对、大方处世的我。

　　害羞，有时候，真会害了人。

点 评

　　这是作者少年时所经历的一件令自己痛心疾首的事情，通过这个故事，作者在告诉我们，怯懦，有时候会让你丧失良机，有时候，甚至会付出生命的代价，给人带来永远无法弥补的歉疚。这也是在告诫我们青年人，大大方方地表达，踏踏实实地处世。

张治中的担当

作家心语：有担当，人性才有光芒。

张治中将军不仅是著名的爱国将领，国民革命委员会的领导人之一，而且是一个宽厚仁爱，敢于担当的人。

一次，蒋介石外出的时候发现一件奇怪的事：一辆军用三轮摩托车上坐着四个人，拥挤不堪，有损军容，而且有一个是穿便服的，可能不是军人。蒋介石很不悦，立即下令把那个穿便服的人抓来。

副官赶忙照办，抓来以后，蒋介石想也不想就批示：把那个搭乘三轮车的人枪毙！

问也不问，就要枪毙人，副官也有些于心不忍，在走廊里犹豫的时候，恰巧遇见张治中将军，了解到情况以后，张治中说："我负责任，把那张批示交给我吧。"张治中把那个穿便服的人叫来，原来此人只是某士兵的亲戚，顺道搭车进城，罪不至死，于是电告军法总监说："这不过是委员长一时动了气，非了得的事，关几天就够了，有什么事我负责任。"

就这样，张治中从刀下救下了那个穿便服的人。

还有一次，张治中陪同蒋介石出游重庆，途中，有一辆四川公路局的车辆因操作不当，躲闪不及，撞到了车队的一辆军车上，蒋介石大不悦，下令把那个公路局的司机判刑15年！而张治中知道，这次交通事故远远没有判刑这么重，于是，张治中仅仅将这名肇事司机关了几个月就悄悄释放了。

　　试想，这些事如果被蒋介石发现，一定要怪罪张治中，张治中将军当然也知晓其中利害，但还是冒着风险，给这些人开了一条生路。由此，张治中将军待人接物的宽厚仁义可见一斑。

★ 点　评

　　敢于担当，只是因为心中有爱。文中，张治中将军勇救无辜者一事，不仅体现了自己心中怀揣的大爱，也体现了他心中所蕴藏的人性的光辉。两件小事，足以让一个人的形象立即高大丰满起来，这是写人的功力，我们不妨从中汲取一些经验。

心中有爱，人生自有拐点

作家心语：你是否患过良知关节炎？

朋友兴海曾是一家影视院校的高材生，毕业之后，并没有从事影视制作工作，而是与人合伙开了一家文化公司，公司运营一年多的时候，一天夜里，合伙人携款而逃，只留下一个烂摊子给他收拾。

面对员工讨薪，房租、水电费、供应商催要欠款，他一个人担在身上，在紧要关头，甚至卖掉了房子，最终也没有起诉自己的合伙人。

有人问他，为什么不报警，让警察去抓他，说不定能追回钱款？他说，他与合伙人是发小，发小是个苦孩子，在单亲家庭长大，这次携款失踪，肯定有他的难处。

后来，再次两手空空的兴海重操旧业，干起了微电影的行当，开篇之作拍的就是《欺骗》，讲述主人公在遭遇骗局之后，如何宽恕背叛者，最终赢取良知的苏醒，最终，两人成了生死之交。

微电影杀青后，被一家电视台买走，后来，这家电视台又与兴海签约，预定他接下来将要拍摄的三部微电影，仅此一项，兴海就在事业上站稳了脚跟，开始大展宏图了。

事业风生水起，正需要人手，就在兴海四处招兵买马之际，他接到了一个电话，电话是当初骗他的那个合伙人打来的，合伙人在电话里哭诉说自己的爷爷得了绝症，当时急需要那笔钱，他就……

　　"别说了！"兴海打断了他的话说："如果你愿意，再次加入我的团队吧。"

　　合伙人加入兴海的团队以后，拼了命地跟着兴海干，为兴海出了不少好主意，好几次帮助兴海渡过了难关，在兴海公司的年度表彰会上，合伙人第一个上台发言："在良知的关节上，我曾经得过关节炎，幸好，兴海以德报怨，不计前嫌，用一颗温暖的心感化了我，把我从人生的拐点上救了下来。"

　　兴海总结说："心中有爱，人生自有拐点。不计前嫌，我的今天才如此绚烂！"

点 评

　　本文讲述了一个以德报怨的故事。明明上当受骗，却在骗子走投无路之时接纳了他。结果，这个骗子痛心悔悟，踏实工作，帮公司赢得了绝佳的工作业绩。通过这个故事，告诉我们，"心中有爱，人生自有拐点。不计前嫌，我的今天才如此绚烂！"

心受伤了吃杯茶

作家心语：一本书，一种心情，一种命运。

人在路上走着，人在人世间走着。人世间就是一条路，心痛害怕冷风吹。

好多人都有"感时花溅泪"情结，触景生情，看到落雪，心里也就冰封。铺天盖地的励志书说"人生哪能没有个沟沟坎坎？"这用来励志可以，励心不行，励情更不行。

朋友刚刚终结了一段感情，为了给它画上一个圆满的句号，她选择去旅行，去了昆明和大理，哪知道，数十年不遇的风雪被她遇上了，堵在了路上，开水也没有了，发了条微信说，"怎么这么倒霉，只能到农家去讨了"。平日里，不是她自家烧的水她都不喝，这次，她只有"放下身段，深入民间"了。

看到她的朋友跟帖说："你这哪是倒霉，而是幸运，数十年不遇的壮丽雪景都让你遇上了呀！"

隔几日，朋友旅行归来，故乡天光大好，风和日丽，只是比云南冷了些，但她整个人也精神了，有一种如释重负的坦然。

在她的手边。握着一本名叫《不爱，就是最好的理由》的书，我笑着问她，读这样一本书，是为了恰合你此刻的心境吗？她笑了说，去云南看了山水，很悦人，在云南的书店里，也邂逅了这样一本书，读后很受感动。这算是与云南的缘分吧！

我笑了，心空明朗了，缘分的飞鸟自然翩翩飞来。

情路苍凉，恰好疗伤。正如朋友的书里所说的话——"相爱，执手到老；缘尽，各自安好！无论此刻你置身情路何处，总有一丝情愫与你惺惺相惜。"

有些人是注定要错过的，有些事是注定要与自己脱开干系的。既然注定错过，那就一笑而过，不必那么执着，也就不必那么错愕，不必那么纠结，也就不必那么落魄。

浮生若水，情路如茶，必须经过冲泡才知晓其中的味道。味道淡了，你别嫌，味道浓了，你别烦，你已经品尝了，你就是过来人，你就是知之者。

人生呀，岂不就是一杯需要亲尝的茶，品咂是为了不再受伤，品悟是为了疗伤。

又到冬天了，烤火，吃粥，都不如阅读。读人、读事、读书，给一颗受伤的心焐热治愈，这个冬天不落寞，这段心路不冰封。

点评

随笔创作，关键是要看营造的气氛对不对。本文牢牢把握暖心这一点，似用文字煎汤，用情感熬药，成就了该篇治愈系的美文作品。且饱含了浓浓的哲理在里面，这应该算作是文字所带给人的营养了吧！

风口浪尖上的坚守

作家心语：每一种坚守，都会留给世界一个高大的背影。

1912年11月，刘海粟与乌始光、张聿光等人在上海创办了上海国画美术院，这是现代中国的第一所美术学校，刘海粟本人也担起大旗，做了校长。上海国画美术院建校之初，就提倡新派学风，主要教授西洋画，且打破了女子不可入学的陋习，欢迎女子就读，并男女不分班，一起学习和研讨。

不仅如此，刘海粟觉得若要创新，就要进行彻底，他大胆地把裸模引入了素描课程，首度起用裸体女模，一时间，上海各界纷纷口诛笔伐，骂刘海粟乱了纲常。就连教育部门也为此专门召开会议，通过了禁用模特儿的提案，各大高校纷纷响应。

刘海粟看到这里，觉察到社会依然蒙昧不化，若自己不坚持，不但要遭遇更大的讥讽，而且会给后来的改革者带来很大的阻力和梦魇。于是，依然坚守自己的道路，继续提倡模特儿进入美术课程。

社会各界引起了很大的骚动，有人开始公然站出来对垒刘海粟，上海总商会会长朱葆三在报纸上发表了给刘海粟的公开信，指责刘海粟"禽兽不如"，就连上海市议员也要求严办刘海粟。刘海粟一边写信给政府，说"世人不察，目为大逆、讥笑怒骂，百喙丛集。鄙人为学术尊严计，不惜唇焦舌烂，再四辩白，有识君子，欣焉有得，可谓世有是非，窃自庆幸"；一边走自己的路，不管别人怎么说。

但是，在一次裸体模特儿的画展上，突然有人闯进来，指着画展上的画作叫骂说，这是在宣传淫秽思想，于是，画展只得中途关闭，后来，反刘的思想越来越甚，刘海粟被批为"教育界的蟊贼"。

世俗的眼光哪能瞬间就开化？随着刘海粟的一意孤行，叫骂声越来越凶，有人这样形容刘海粟，说他是上海的"文妖"、"艺术叛徒"，目的是蛊惑世人，搞乱伦理。

刘海粟看到裸体模特儿之路如此艰难，只得给直系军阀的首领孙传芳写信，希望得到他的支持，哪知道，孙传芳却回信拒绝了刘海粟的请求："生人模型，东西洋固有此式，惟中国则素重礼教，四千年前，轩辕垂衣裳而治，即以裸裎袒裼为鄙野；道家天地为庐，尚见笑于儒者。礼教赖此仅存，正不得议前贤为拘泥。凡事当以适国情为本，不必循人舍己，依样葫芦……"

刘海粟看到孙传芳也这样顽固，继续在报上刊文自我"解套"，孙传芳看到刘海粟如此"不识抬举"，大怒，下密令通缉刘海粟，无奈的是，刘海粟所在的位置是法租界，孙传芳不可能直接拿人，再三交涉之后，法租界只得决定让刘海粟暂停一下裸体模特儿课程，过一段时间，就"睁一只眼闭一只眼"了。

至此，刘海粟的裸模风波慢慢平息，后来，逐渐被人们认可的裸模慢慢得到普及，提及刘海粟当年的坚守，《申报》专门刊文这样评价："刘海粟三个字在一班人的脑海里、心头上，已经是一个凹雕很深的名字。在艺术的圈子里，他不但是一个辟荒开道的人，并且已是一个巍巍树立的雕像。"

★ 点 评

刘海粟是我国著名画家，也是首先在中国起用裸模的人。艺术创新永无止境，没有刘海粟在风口浪尖上如此执着的坚守，恐怕艺术教育的改革不知道还要退后多少年，但是，谁都知道，刘海粟的这种坚守是以生命为代价的，他对中国教育的贡献和个人品格的光辉至今烛照世人。

拓跋宏宽和赢良将

作家心语：宽和，是一种温暖的力量。

　　北魏孝文帝拓跋宏在位时，位于定州的边关经常有贼子作乱，久平不定。分析了原因之后，才晓得，拓跋宏身边一直无良将可平定州之乱。这时候，有人给孝文帝推荐了赵黑。孝文帝一听，觉得此人正是最佳人选。

　　按理说，孝文帝可以一纸公文把赵黑调到定州，可是，若是赵黑不情愿，岂不是适得其反？于是，孝文帝打了一张"温情牌"，把赵黑叫到宫中来吃饭，在饭桌上挑明自己的用意，这样做，他认为可以安定人心。

　　殊不知，赵黑一听说让自己去定州，心里也十万个不乐意。定州之苦，堪比黄连，加上边关战事吃紧，肯定是个苦差事，再说了，这种平定之事，如能胜任还好，不能胜任，自己一辈子的前途也都砸在那里了。

　　菜不停地上桌，赵黑一边盘算着如何拒绝孝文帝，一边吃菜，就在这时，偏巧一只苍蝇正好扎进菜里，异常难看。御厨一看傻了眼，这时只见，孝文帝用筷子把苍蝇夹出来，仿佛什么事情都没有发生，继续用膳。麻烦事总喜欢扎堆，也该这个御厨倒霉，就在上汤的时候，御厨手一抖，热汤撒在了孝文帝手上，御厨慌忙跪在地上，请求孝文帝降罪于他。这时候，孝文帝用布衫擦去热汤，微笑着说，没事没事，没烫着，你起来就是。

　　这一切举动，都被赵黑看到了，孝文帝面对臣子的冒失如此宽厚以待，深深感化了赵黑，赵黑当下起身下跪，发自肺腑地说出了自己刚才的犹豫，并恳请孝文帝宽恕，赵黑信誓旦旦地说："臣下一定愿效犬马之劳，马上起身定州，不平定州之乱提头来见。"

★★★
点 评

宽和是春风，吹到哪里都会一派和暖。文中，从孝文帝宽和赢良将一事不难发现：请留心我们日常的一举一动，因为你不知道不经意间的一个举手投足就可能扭转乾坤，所以，请时刻注意保持你内心的烛火，因为你不知道谁会循着这片光亮来认知你。

有些优秀要及时叫停

作家心语：有一种前进叫作"叫停"。

在加利福尼亚州，有人举办了一个少年大胃王比赛。参赛年龄下至3岁，上至13岁，参赛规则只有一条：谁吃的汉堡多，谁就获胜。

活动举办当天，艳阳高照，随着一声哨响，比赛很快开始，杰斐逊这个孩子一口气吃掉了10个汉堡，远远超过其他孩子，然而，就在活动举办得如火如荼的时候，现场突然出现了几名穿制服的工作人员，叫停了该项活动，还对组织活动的某汉堡公司进行了罚款，要求该公司向每一位参赛的孩子支付500美元不等的健康损失费。

原来，在美国，举办这样的大胃王活动，是不准少年儿童参与的，他们的身心发育都没健全，要么吃坏了身体，要么在比赛中丢失了自信，总之，是件得不偿失的事情。

给一些不应该有的优秀按下暂停键，这在美国并不鲜见。

据《纽约每日新闻报》载，近日，在纽约哈德逊瀑布公共图书馆暑期"深入阅读"的项目中，一位名叫泰勒·韦弗的9岁孩子，一共阅读了372本书，长达五年，没有人能够超过他的速度，然而，他却被主办方请出了比赛。

图书馆的主任玛利亚说："建议韦弗退出读书比赛，因为其他小朋友都感到永远不可能赶超他，连参赛积极性都没了。这里是一个读书俱乐部，不是一项竞赛，每个孩子都应该得到机会。"是的，为了给更多的孩子树立信心，为了让更多求知的心灵不泯灭对知识的渴望，他们只有这样做。

社会学家认为，当一个人的优秀，到了以损失身心为代价，或者是到了别人无法超越的地步，都应当被及时请出视野，或者淡化对这种优秀的鼓吹和宣传，因为，那样做，可能会扼杀掉更多优秀的种子。

★ 点 评

这是一则教育美文，文中，对应试教育予以抨击，对于素质教育予以褒扬。每一种优秀，都要有用武之地，要当其时，当其用，有意义，填鸭式的教学固然可以在短期内见成效，但是从长远看，一定是不利于孩子身心健康成长的。

梁启超为何训斥徐志摩

作家心语：哀其不幸，怒其不争，实因大爱。

1926年七夕，深陷爱河的徐志摩和陆小曼决定订婚。而作为徐志摩的父亲，徐申如却对这段婚姻并不看好，知子莫若父，他深知儿子是个多情的孩子，11年前，徐志摩曾和张幼仪结婚，并育有两子，7年后，这段婚姻中道崩殂。此番徐志摩又要再婚，且再婚的对象陆小曼也是个有过婚姻经历的人，前夫乃是美国西点军校毕业的高材生王赓，两人结婚后仅仅半年就"闪离"。提起这样两个人的结合，徐申如心里很不痛快，但耐不住儿子一往情深，只得勉强同意。

然而，这份同意是有条件的，徐申如对儿子徐志摩说，你必须答应我三个条件，方才允许你和陆小曼结婚：一、结婚费用自理，家庭概不负担；二、婚礼必须由胡适做介绍人，梁启超证婚，否则不予承认；三、结婚后必须南归，安分守己过日子。

以上三条，徐志摩信誓旦旦，悉数答应，于是这趟婚姻路才算启程。

作为证婚人，梁启超对这对新人似乎很有意见。首先，徐志摩是梁启超的爱徒；其次，他和陆小曼的父辈也颇有交情。看到两个在婚姻上都栽过跟头的人又要草草结婚，梁启超这个证婚人的证词仿佛并不好听，他说："我来是为了讲几句不中听的话，好让社会上知道这样的恶例不足取法。更不值得鼓励。徐志摩，你这个人性情浮躁，以至于学无所成，做学问不成，做人更是失败，你离婚再娶就是用情不专的证明！陆小曼，你和徐志摩都是过来人，我希望从今以后你能恪遵妇道，检讨自己的个性和行为，离婚再婚都是你们性格的过失所造成的，希望你们不要一错再错自误误人，不要以自私自利作为行事的准则，不要以荒唐和享乐作为人生追求的目的，不要再把婚姻当成儿戏，以为高兴可以结，不高兴可以离，让父母汗颜，让朋友不齿，让社会看笑话，让……"

梁启超还打算往下说的时候，婚礼上的徐志摩终于按捺不住，赶忙打断梁启超的话说："恩师，请为学生和高堂留点面子！"

这时候，梁启超方才想起还有双方父母的面子在，不好再说，只好草草总结说："总之，我希望这是你们两个人这辈子最后一次结婚！这就是我对你们的祝贺！我说完了！"

这段证婚词一出来，弄得徐志摩相当尴尬，要知道，梁启超在当时是泰斗级的人物，在婚礼上如此教训自己的爱徒，影响之大，令人瞠目。其实，梁启超之所以这么做，与徐志摩和自己准儿媳林徽因的情感并无关系，而是因为梁启超本人非常推崇一夫一妻制，把婚姻放在爱情的至高位置来看待。

梁启超和长他四岁的妻子李蕙仙结婚之后，一辈子恩爱有加，只吵过一次架，这次架还让梁启超直到多年后懊悔不已。梁启超和李蕙仙结婚后，由于李蕙仙身体不好，自觉愧对梁启超先生，就有意让自己的贴身丫鬟王桂荃给他做侧室，先开始，梁启超死活不同意，直到多年后，夫人李蕙仙辞世，梁启超才肯在人前公布这段婚姻，而当时的名士又有哪一个没有几房妾室？在爱情和婚姻上的无限忠诚和敬畏，恐怕就是梁启超在徐志摩的婚礼上毫不留情的原因吧。

点　评

　　本文运用了对比的修辞手法，作为徐志摩的老师，梁启超先生一直对自己的爱徒倍加关注，稍有不对，就要耳提面命。对于徐志摩再婚，梁启超明显是有看法的。在婚礼当天，自然也不错过教育徐志摩的机会。这是教育的真谛，教不择地。当然了，作为师者，梁启超先生堪称榜样，多年来与妻子相敬如宾，相濡以沫。

沈从文赞叹的寻人启事

作家心语：世间的趣味，在方寸之间无所不在。

1934年1月12日，沈从文先生返回湘西，船至桃源时，在岸边看到一则寻人启事，看得沈从文扑哧一声笑出来，稍后，又觉得很感动。然后，沈从文把这篇《寻人启事》奇文共赏，一字不落地录下来，誊抄在给妻子张兆和的信里——

"立招字人钟汉福，家住白洋河文昌阁大松树下右边，今因走失贤媳一枚，年十三岁，名曰金翠，短脸大口，一齿突出，去向不明。若有人寻找弄回者，赏光洋二元，大树为证，决不吃言，谨白。"

沈从文最后在信中总结道："三三，我一个字不改写下来给你瞧，这人若多读些书，一定是个大作家。"

这是记录在金安著《合肥四姐妹》中的一则趣事。

读罢这个段子，不觉让人思量：写寻人启事的钟汉福到底是一个怎样的人？用词怎会如此时髦而诙谐？

"贤媳一枚"，这可是现如今网络热词；"年十三岁"，足见民国时期结婚也真够早的；"大树为证"，大树能证明得了吗？难道那个时代的人面对一棵树，也如此不欺？另，纵观全文，这位"贤媳"的相貌特点瞬间凸显而立体。

点　评

　　这是一篇趣味横生的散文，作者皆由一篇《寻人启事》说开去，读罢此文，让人格外揣度起钟汉福此人的形象来。是一个纨绔少年，还是一个稳重青年？他的爱妻最终找到了吗？隔着遥远的时空，唯有朝着逝去的岁月遥寄一份安详。经由此文，也让我们感知到，沈从文先生也是个十分有趣的人。

海明威的怒火

作家心语：怒不可遏，实因敬业楷模。

有一段时间，海明威接了一家名叫《绅士》的文学刊物约稿，他要按照要求写一部像样的小说，海明威对这份约稿十分看重，按照他的写作习惯，他幽居到一个陌生的城市，闭门写作，不见来客。

尽管如此，还是有人打探到了"内部消息"，敲开了海明威先生临时居所的门，海明威正在奋笔疾书，听到了门铃响，透过猫眼一看，正是电影明星南希卡洛尔，客人已经到了门前，他不好拒绝，只得把南希卡洛尔迎进门来。

二月的园子春暖花开，海明威心里却异常沉闷，南希卡洛尔一见到海明威就说个没完，更要命的是，大门外还来了一帮南希卡洛尔的影迷，在这些影迷当中，也有不少人是海明威的粉丝，他们纷纷摁响了海明威的门铃。

整个上午，海明威都觉得糟糕透了，好不容易有的灵感被这些"不速之客"全给搅扰了，好在终于送走了喋喋不休的南希卡洛尔。这个地方又不能居住了，还需要搬家。吃中午饭的时候，已经有不少粉丝和读者来到海明威的门前索要签名，整个写作没法进行下去。海明威迅速搬家，一摞书稿在搬家的时候不慎掉进花园的水池里，海明威怒火中烧，飞起一脚踢向了大门，大门被踢开了，他的脚趾也踢伤了，流血不止。

后来，好一段时间，海明威都自怨自艾，即使到了复活节，他还发誓不喝酒，因为，他的怒气没有完全消除。

海明威向来认为，写作是一个人的旅行，也是一个人的修行，这种旅行和修行，是容不下第二个人的，也正因为如此，"孤独"的海明威才写出了《老人与海》这样伟大的作品。的确，有太多伟大的事情都是一个人的时候完成的。

★ 点 评

有句话说得好，若要自己成功，先让自己发疯。通过此文，我们可以发现，海明威先生是一个对写作爱好到痴迷地步的人。这种爱好，容不下第二个人，所以，面对叨扰，他会情绪激动。爱之深，才能成就卓著，作为青年人，我们不妨从海明威身上汲取力量源泉。

王闿运为何不买曾国藩的账

作家心语：臭脾气，香飘千年。

"太平天国"被湘军平定以后，作为晚清王朝的功臣——湘军均被封官加爵，风头正劲，这时候，有人开始撺掇曾国藩，意欲把湘军英勇奋战的历史和典型撰写成册，做成一本《湘军志》，以供后人观摩景仰。曾国藩也是凡人，欣然应允。事情应承下来，但是，让谁写呢？这时候，曾国藩的长子曾纪泽力荐王闿运。

王闿运是晚清著名的经学学家和文学家，曾做过肃顺的家庭教师，后进入曾国藩幕府，但此人生性自由，很多事情不愿受任何人束缚，所以，落得个"文翰颇翩翩"的美名。王闿运受托之后，专程回到长沙，花费两年的光阴，终于写下了11万字的《湘军志》，在此书中，王闿运坚持实事求是的原则，既写出了湘军的功勋，对于湘军的阴暗面也丝毫不避讳，例如将湘军战胜后，部分支旅烧杀抢掠，无恶不作等行为和盘托出，于是，事关湘军内部不为人知的丑闻和伤疤悉数出现在此书中，没有丝毫隐瞒。

书稿成型后，被曾国藩的弟弟曾国荃看到了，这还了得，这不是揭湘军的丑吗？曾国荃按捺不住心中的怒火，扬言非要宰了王闿运这个老小子！

王闿运哪里会吃曾国荃这套，回应说，即便身首异处，也不会向曾国荃这样的杀人魔头屈服。

曾国藩知道此事后，眼看着局势更加僵化，赶忙拦住弟弟，找个合适的机会，把王闿运约到内室说，能否抹掉其间说湘军缺点的地方，只铺陈其优点，哪知道王闿运不买他的账，依然坚持自己的做法。曾国藩又秘密对王闿运说，他愿意以万金相谢，哪知道王闿运愤然道，这是侮辱一个知识分子的良心和一个史学家的尊严，他做不来！断然拒绝了曾国藩的要求。

这就是"强项"文人王闿运，不畏强权，威武不能屈，也正是他的这种大丈夫气概，才让今人看到的《湘军志》如此血肉丰满、客观公正。

点　评

通过此文，我们不难发现王闿运的风骨，他坚持真理，任何人动摇不了，不为强权所低头。提及学者和文人，人们总喜欢冠之以"臭文人"的绰号，其实，也正是因为有了王闿运这些人的"臭脾气"才让整个山河显得山花烂漫。

自足

作家心语：认识你自己，比什么都重要。

郑板桥这个人还是很有趣的，不单单是因为他的"难得糊涂"，这个人在心性上是个"怡然自得"的人，时时处处都很清醒，酒醉心不醉，心灵的方向从不迷失。

看郑板桥的《家书自序》，有这样一段话："板桥诗文，最不喜求人作序。求之王公大人，既以借光为可耻，求之湖海名流，必致含讥带讪，遭其荼毒而无可如何，总不如不序为得也。几篇家信，原算不得文章，有些好处，大家看看；如无好处，糊窗糊壁覆瓿覆盎而已，何以序为。"

郑板桥这个人多明智呀！他不仅知道自己的"斤两"，而且总喜欢"看轻"自己。所以，才不求人作序，找官宦大人为自己作序，有谄媚之嫌；找名流为自己作序，弄不好还会招来他们的讥讽。

所以，郑板桥说："我所写的也就是几封一文不名的家书，大家觉得有趣就看两眼，无趣，就用来糊窗、糊墙，若不嫌脏，就盖盖酱罐子吧！"

郑板桥多懂得自嘲呀！其实，这是自足，不求人，是郑板桥内心的强大。

"覆瓿"、"覆盎"是有典故的。"覆瓿"出自《汉书·扬雄传》："巨鹿侯芭常从雄居，受其《太玄》、《法言》焉。刘歆亦尝观之，谓雄曰：'空自苦！今学者有禄利，然向不能明《易》，又如《玄》何？吾恐后人用覆酱瓿也。'雄笑而不应。"

　　"覆瓿"、"覆盎"实为自谦，以古观今，今人稍稍有了些成就即飘飘然了，是多么粗俗可笑。

点　评

　　这是一则历史典故，通过此文，我们还可以学到"覆瓿"、"覆盎"这些自谦的词。也让我们看到了郑板桥自谦的美德。榜样的力量是无穷的，此种美德，值得当下青年人学习。

跟星云法师学管理

某公司新出台了考勤制度，其中有这样一条：凡迟到超过15分钟者，一律按照旷工论处。

该制度一出台，发现公司的考勤问题更加严重了——迟到的少了，旷工的反倒多了！

什么原因？

问题就出在考勤制度上，本来员工迟到了15分钟，还可以继续去上班，你直接算人家旷工了，他何必还要再来上班？索性就让公司按照旷工算就是了，空闲出来的时间还可以去逛逛街，购购物，不用看老板的脸色。

该公司很快意识到了考勤制度的错误之处，迅速加以修订：凡迟到超过15分钟者，每次扣除年终福利的5%，且不准参与年度总结表彰晚宴。

该制度一经修订，迟到现象很快得到了遏制，问题不在扣款，而在于公司把你当成了"局外人"来看待。

其实，该公司的这一做法，是从星云法师的一则管理学故事里悟到的。星云法师来内地时，发现很多寺庙都有难以理解的教条："凡违反某某寺院规则者，罚你拜佛108次。"

这算是什么逻辑？拜佛这么高尚的事情，怎么变成了惩罚的手段啦？

星云法师决定以身作则，痛改某些寺院的不规范教条。

日后，他在台湾办丛林学院的时候，凡是犯错了的弟子，一律不准做早晚课，不准拜佛。这一下子，犯了错的弟子们就慌了，别的同门师兄弟都在做早晚课，拜佛诵经，而他们却被作为异类拒之门外，一个个心急如焚，下次，做事须极为小心，万不敢有丝毫疏漏了。

其实，管理追根溯源，说的还是让人遵守内心的格局和秩序，这是管理的难点，做好了，也可以成为高明之处。人从来都是需要依附感和归属感的群体。有人曾做过这样一个调查：现在就让你成为千万富翁，但你要生活在一个语言不通的世界里，与你现在勉强温饱，却可以生活在温暖的俗世里，相比而言，大多数人宁愿选择后者。由此，我们不难发现，管理，不妨在员工的归属感上做一些文章，包你屡试不爽。的确，同头晕相比，迷路更让人措手不及。

点 评

　　这是一篇智慧文，也是一个教育的命题。惩罚犯错者，也需要智慧，不应直接罚款，或者是把别人当成异类，更不主张体罚。教育的目的是让别人懂得怎么做，惩罚是为了加深印象，而非留下仇恨，那样做，只会招致别人的逆反心理。

马可波罗的瓶子

作家心语：不为物役，才不会身心俱疲。

马可波罗旅游到中国的时候，正值元代，忽必烈亲切接见了他，并送给了他一只官窑出产的精美青花瓷瓶。

马可波罗很喜欢中国瓷器，尤其喜欢青花瓷瓶，日日拿在手里把玩摩挲。据说，马可波罗每天花在这只瓶子上的时间约占两个半小时。还为这只瓶子专门做了一只保险箱，箱子里用棉絮和丝绸铺垫，里面恰好留一只青花瓷瓶的空间，甚为稳妥。

这一日夜间，马可波罗饮酒回来，忽来雅兴，拿出来那只青花瓷瓶把玩，不料，这时候，一只黑猫突然蹿出来，冲着马可波罗凄厉地叫了一声，马可波罗惊慌失措，一失手，瓶子掉在地上，碎成一地瓷片。

马可波罗失声痛哭："我的宝贝呀！我的宝贝。"

听到父亲在喊"宝贝"，儿子走了进来，看到满地瓷片，儿子转瞬知道了一切。

儿子安慰马可波罗说："瓷器是中国的国宝，你还不知道中国有两句话也被人奉为至宝吧？"

马可波罗问："是什么。"

儿子答："第一句话叫作'常在河边走哪能不湿鞋？'如果你真的爱那只青花瓷瓶，就不应该日日拿在手里玩它，这样势必增大摔坏的概率。第二句话是'玩物丧志'，意思是物质上太在意，心灵上就要失意。"

马可波罗听了儿子的话，破涕为笑，心境一下子开阔了许多。

点 评

作者讲述了马可波罗失手打碎青花瓷瓶的故事。失去无价之宝，原应叹息，可是，马可波罗的儿子却用两句话开导了自己的父亲。喜欢某件物品，不应该被其牵绊，否则，喜欢就成了负担。试看现如今的青少年，也有许多人爱玩电脑游戏，沉浸其中，不可自拔，耽误了学业，拖垮了身体。"马可波罗"碎瓶一事，理应引起我们的重视。

第 **6** 辑
心灵点击

　　心灵是一座独特的磁场，我们每个人都是这座磁场里的铁沙子。有些人随波逐流，有些人是拥有磁极的磁铁，从不受别人牵绊掣肘。做最倔强的磁铁，再也不在乎别人的眼光。

薄滋味

作家心语：淡泊生活，有时候并不单薄。

作家沈从文与张兆和结婚的时候，家徒四壁，没有一件可以拿得出手的东西，两个人最珍贵的就是一本王羲之的《宋拓集王圣教序》字帖。这本字帖，还是当初张兆和学习成绩好，父亲给她的奖励。如果把这当成是嫁妆，这是怎样薄的一份礼呀，如果把这当成财富，又能名几文？然而，即便是在物质生活如此不堪的情况下，两人的生活过得风生水起，有滋有味，没有因为命运之薄，而轻看了浮生。

相反，我们看到当今的许多富豪嫁女，香车宝马，鸣锣开道，甚至还有人将彩礼的金额举到车顶"某某某万元"，但是，婚姻告急的消息很快也接踵而至，劈腿、外遇、三角恋，怎一个乱字了得。此等"薄情"和沈从文张兆和夫妇的"薄礼"比起来，真是形成了鲜明的映照，让人啼笑皆非。

有一位作家说，生活本身就是"薄凉"的，好比丝绸，我们要用自己的身子，自己的心去焐热生活这段锦，让它和暖生香。而不是靠心灵财富以外的东西去填充它，这样充了气的幸福徒有其表、浪得虚名。

有一句话叫"知足菜根香"。在《芙蓉镜寓言》里记载了这样一则故事：有一次，宋太宗与一位年逾九旬的长寿老人麻希梦交谈，他问："你的养生长寿秘诀是什么？"麻希梦说："臣无他术，唯寡情欲、节声色、薄滋味，故得在此。"

麻希梦的话言简意赅，却发人深省。一句"寡情欲"，让人觉察了受礼克制之美，欲壑难填，人往往是被自己的"胃口"给撑死的；一句"节声色"，让人醒悟到声色犬马之累，灯红酒绿，往往迷失了心灵的风向标，何不点亮心烛？最值得玩味的是"薄滋味"，让人想起了老子的话："五色令人目盲，五音令人耳聋，五味令人口爽。"这个"爽"字，可不是爽快，而是味觉丧失的意思，不是味觉的快感，而是指各种美味贪得多了，味觉美感会丧失。

由此来看，人生的滋味还是恬淡一点为好，人生的欲念还是清寡一些为妙。莫让太多的负累伤及了自己的心智。

点 评

本文借由《宋拓集王圣教序》说开去，最终阐释了这样一个道理：生活本是一条喜忧参半的路，前半程坎坷，后半程坦途，在坎坷时莫要"砍刻"自己的心灵格调，在坦途时莫要"贪图"一时的欢愉。生活由不得你恶补，由着你性子的唯有"知足"。

荡 子

作家心语：我是一朵云，随风自飘荡。

"荡子"这个词，让我想起烟波浩渺的芦苇荡，里面有一株与众不同的芦苇，苇花不是雪白，而成了红毛，这种格调的不一致，就成了荡子。换一种想法，若是苇花本身是红色，那样一株白，也属于荡子无疑。

网言，一辈子这么长，谁没遇上几个人渣。这说的是交往，或是择偶。也有作家说，一个女人最幸福的事情是做浪子的最后一站。

一句话，搞得荡子成了抢手货。荡子跋山涉水，戏桃弄李，什么样的景观没见过，到了后来，景观已如烟云，自己坐在岁月深处"静观"浮云，你这一刻把长发搭在他的肩头，共度风和日丽，何其温暖，何其宽慰。

荡子最解风情，不会是情感世界里的榆木疙瘩。张爱玲多么傲慢，可是，真到了胡兰成那里，像一只软绵绵的小羊，凄厉的刀锋收住了鞘。就连胡兰成自己也说："自古江山如美人，虽然敬重圣贤，却是爱悦荡子。"胡兰成稍后自称："我是荡子。"

是呀，胡兰成就是荡子，是情感世界里来回"荡秋千"的人，只可惜，张爱玲没有做他的最后一站，这于两人都是一种损失。

荡子，还有一重寓意，是远离故乡的羁旅之人，乐府诗里有"秋风明月独离居，荡子从戎十载馀"的句子，讲的是长期在外戍边征伐的军人，当然了，所有脱离故乡多年的人都属于"荡子"。荡子自然不识故土风物，多少有些离经叛道，哪有那么多人都可以"乡音未改鬓毛衰"呢。荡子，总是游离于常人的世界之外，特立独行，超然出众。

就好比戏曲里的荡子，来回地耍着花枪，在主角上台之前，俏皮地打斗一番，主角呢，多是端坐在那里，唱着枯燥的戏文、刻板的台词，若不是专业戏迷，我宁愿看荡子，热闹呀！试看戏台下的听众，又有多少是专业的呢？多数只不过是附庸风雅罢了。

试看历史上，最大的荡子是谁呢？确属李白无疑，胆敢让杨贵妃为他斟酒，高力士为他脱靴，还敢"天子呼来不上船"，朝中哪里能容他？最终，他只有仗剑出行，高呼："仰天大笑出门去，我辈岂是蓬蒿人？"这样一位狂人，最终潭中采月，溘然仙去了。

"荡子"这个词很有意思。荡字由"草"与"汤"组成。看来，俗世如烹，荡子本是草入汤，一把柴薪烧火旺，草在汤中徒悲伤。人家穿西装，你偏穿裤头，不入流，看来是要吃尽苦头的。

点　评

　　本文瞄准"荡子"一词涉及的多种解释，来详细阐释"荡子"的多重含义。这是一篇类似于命题作文的文字，考验的是人的综合知识水平。中心彰显的是自由散淡的生活方式和无拘无束的快意生活。

旷野里吹来的风

作家心语：风轻云淡，五线谱上绽放绚烂。

电影《山楂树之恋》首映的那个晚上，除了感人的剧情，主题曲《山楂树》给人留下了深深的印象。那时候，我并不知道作者是谁，后来看了一期访谈，谈到这首歌，才知道，这样一首歌来自一位新人：常石磊。

后来关注了常石磊这个人以及他的作品，只觉得他宽宽的音域，犹如旷野里吹来的一阵风。再后来，看他成为林忆莲、王力宏等巨星演唱会的嘉宾。2012年的夏天，他还竟然出现在某卫视选秀节目里。老实说，依他的实力，根本不需要参加这样的节目了，我理解为，这或许是他谦逊地自我展示的一次机会吧，也可能压根就是主办方邀他来聚集人气的噱头。

眼下的创作型歌手并不少，但大部分总给人根基不稳的印象，或是太浮艳，或是夹杂了不少功利的因子，或是一味增强难度，彰显自己的实力。但常石磊没有。其实，好听的歌未必非要飙高音，小桥流水，缓缓流淌也不失为一种悠远美。

见过他在电视上现场写歌，一样是即兴创作，却很好听，别具一番味道。

早几年，听他的《山楂树》，觉得俄罗斯风格很显著，有朴树《白桦林》的感觉。

近期听了他写的《老爸》，歌词朴素得如同一杯白水，像极了日常生活，咕咚咕咚地朝人心底灌。实在解渴，实在过瘾，增强了生活的可触感。仔细想来，生活的真实，才是感人的源泉呀！

老爸 记得当时我离开家
你目送没说什么话
老爸 我现在好想抱你一下
紧紧地抱一下

还有一首《哥哥》，温暖得总让人流下泪——

哥从小我一直问你
为什么你是哥我是弟
哥你总是那样严厉
为什么爱我从不放弃
哥在风雨中看见你
为什么你始终没泪滴

每每听这首歌，总能想起雨来时，有黄黄嘤嘤的鸡仔躲在母亲的翅膀下。的确，兄弟是一种浓郁深厚的情感。

常石磊无论何时上镜，都是带着笑，能让人想起一棵植物：向日葵。一朵绽放的向日葵，安然静谧，绽放在阳光下，黄灿灿地笑。

很多人喜欢喊他"石头"，一颗音乐的石头，生生地砸中了多少音乐发烧友。

点　评

　　这是一篇音乐鉴赏类文字。作者通过对常石磊音乐作品的鉴赏，形成一篇美文。表达了对此种音乐的喜爱，字里行间也不绝溢美之词。这篇文章体现的是一位作者的综合艺术修养，以及这种修养与文学修养的结合。

每个人心中都有一个花木兰

作家心语：众说纷纭，内心坚定就会有真理降临。

一篇南北朝民歌《木兰辞》让花木兰这个名字家喻户晓。

然而，人们只知道说花木兰，提及巾帼英雄也首先想到了她，可是，花木兰的户口却没有一个正经归属。

姚莹在《康輶纪行》说她是凉州人；明人刘惟德著《韩木兰（娥）传》载："少女木兰，姓韩，原名娥，四川阆中人。"《河南通志》："隋木兰，宋州（河南虞城）人，姓魏氏。恭帝时发兵御戍，木兰有智勇，代父出征，有功而还。乡人为之立庙"。河北省《完县志》说她是完县人，《大明一统志》和《大清一统志》说她是颍州谯郡（安徽亳州）东魏村人，还有人说她是湖北黄陂县（今黄陂区）人……

更可气的是，日本人曾无端考证，说花木兰是朝鲜人。日本人不光对花木兰质疑，对于华佗也曾质疑过，说他是波斯人，日本人的说法，姑且当成一阵风罢了。

不仅如此，就连花木兰是哪朝哪代人，也非常含糊。《木兰辞》说她是北魏人；程大昌的《演繁露》中则说她是唐初人；宋翔凤的《过庭录》中则说她是隋恭帝时人……

对于花木兰的生卒年，学者们的说法也有争议：有学者考证，花木兰生于412年，死于502年，享年90岁。还有学者说，花木兰在从军12年后返乡，皇帝看上她，打算让她进宫做妃子，花木兰不愿意，于是自杀。

对于如此众说纷纭的花木兰，我们已经没有必要去对她的籍贯、生卒年、性别等条分缕析。传说越多，只能说她的期盼度越高，传得越邪乎的人，往往也是最火的人。千百年来，许多帝王的名字人家都忘之杳杳，花木兰这样一个名字却让人记忆如此深刻，足见：每个人心中都有一个花木兰。

点 评

近年来，关于名人故乡的考证与争夺似乎从未停止，本文所写的也是一种社会现象。花木兰到底是哪里人，本文只是列举了几个说法，也没有最终下定论。留下一个开放性的结尾，供他人深思。"每个人心中都有一个花木兰。"这似乎应该是本文的标准答案了。

手和脚都是身体的花朵

作家心语："吃苦"好比"吃补"。

俗世如壤，人是植株，其实，手和脚都是身体的花朵。

走在顺境里，我们细手雕花，巧手绘图，不管是跳舞，还是扛举，高出头顶的一双手，都像是一株花，开在我们的浮生里，讨己欢心，惹人艳羡。就像那歌里所唱，"无法修饰的一双手，带出温暖始终在背后。春风化雨暖透我的心,一声眷顾无言地赠送"。

走在逆境里，整个人好比倒立，这时候，脚就代替了手的位置，钝感地绽放。其实，和直立相比，倒立往往更容易获得掌声。人遇挫折，好比命运在做"倒立"。养生专家说，适当倒立有益于生命健康；我们自己也可以发现，倒立有助于我们换个角度看世界，倒立有助于我们的血脉完成一次坚强的逆袭。

若你要问，直立才是生命的常态，倒立太辛苦了，太难熬了。其实，"吃苦"好比"吃补"，生命是一场比较，苦尽甘来，我们倍加珍惜和安享生命的平淡滋味。

也许你要质疑，谁曾见过哪种植物可以"以梢做根"成活的？不难发现，倒栽槐、垂杨柳，比比皆是呀！倒栽槐更婀娜，垂杨柳更温柔，这就要看我们和挫折劈面相逢时，表现出怎样温顺如水的姿态来，而不是不理解的冲突。

点 评

　　这是一篇饱含哲理的智慧文。文中，花开两朵，各表一枝。分开谈了手和脚各自的功用，对两者都着墨赞美。其实，如果我们单纯考究本文的字面意义，也就没有意义了。直立与倒立，分别代表的是人所处的境地。在这样两种境地里，心情往往决定了你心灵的能量。

书生

作家心语: 有一种美好叫"书生"。

书生是一个青涩的词。念及这样一个词,总想起背着书包的上学郎,是扔起博士帽拍毕业照的高校学生,是挥斥方遒、意气风发的读书人……还是每一个有着书生秉性的人,这些,无关乎是否还在就读。

忠臣加重臣岳飞,一部《武穆遗书》引起了武林纷争。为了民族大义,他舍身为国,不惜愚忠。有人说,岳飞是一介武夫,我却不这么看。他多少还是有些书生意气,甚至是很重的书生意气,要不然,也不会受尽奸佞的残害丧生。

乱世枭雄曹操,写得一手好诗词,是建安文学的代表人物,被演义说得如此奸诈,实则是个有大气度的治世能臣。曹操其实也是一个书生,不单单是因为他的诗词,而是他明明可以称帝为王,却选择挟天子以令诸侯,在骨子里,曹操对君王还是忠贞不渝的。

《天龙八部》里,段正淳身边有"渔樵耕读"四大高手,其中的"读"手持一支毛笔,名为朱丹臣,此人一副书生状,且喜读王昌龄的诗,偶尔还颂颂魏徵的《述怀》,这样一个形式上很接近文人的人算是书生吗?我觉得不是,因为,他骨子里还是有着强大的戒备心和攻击力的。

书生要谦和,儒雅。偶有困顿,也要精笃。可以偏执,可以执拗,总要不失底色。在举手投足之间,在指点江山的同时,更要心中装着一个"大"字。

《花随人圣庵摭忆》有这样一段话："相传辛丑和约时，南皮尝力争，合肥诮之曰：'香涛作官数十年，犹是书生之见耳。'"

一句"书生之见"，足以看出，李鸿章对张之洞是颇有微词的。书生之见有哪里不好，濯清涟而不妖，出淤泥而不染，久居庙堂，依然仗义执言，不世故，不玩城府，如此书生，要得！

就连乾隆也曾经自诩是书生。

在乾隆年间，有一位大臣不满自己的同僚，于是，就在皇上向其询问这位同僚的时候，挖苦他说："他呀，就是一个书生！"

乾隆一听，就不高兴了，说："我也是一个书生呀。"

大臣听了，吓得不敢多说话。于是，在清朝，还有了"书生非俗吏"的称颂。

看来，乾隆也是书生意气的，没有像秦始皇焚书坑儒，而是及时地站出来，为知识分子忿忿不平。试想，若是乾隆也贬斥"书生之吏"，那么，天下岂不是要被武夫控制？

书生，还是一个褒义词。不光是知识的化身和代言者，更多的时候，还是敢于说真话、办真事、肯较真、坚持真理、有点臭脾气……这些元素的综合体。

人说，百无一用是书生。百无一用，实为大用。

美哉，书生！

点 评

作者开宗明义，开头就抛出"书生"这一概念。进而列举诸多典籍里的"书生"为代表人物，放开来谈"书生"，说理透彻，文笔优美，句段之间，时而用典，增加了这篇文章的古意。让"书生"这一概念也逐渐立体起来。

树走过的路

作家心语：人的故乡是亲人所在的地方，而树的故乡是有水和有土壤的地方。

火车上，父亲在跟儿子说，他一生跑遍了大半个中国，比读万卷书还要光荣。

一旁的小伙子搭话说："这岂在话下，我10岁以前就跟着父母跑遍了中国的每一个省份，这几年，我平均每年都要跑两三个国家。你与我相比，是小儿科。"

父亲的脸上青一阵红一阵。

儿子说："你们俩都别争了？其实，不管是谁，我们去过的地方都远远赶不上一棵树。"

"一棵树？"小伙子一愣。

儿子解释说："树这一辈子，走过的路要比人多得多。树的根系发达，可以扩到树冠的好几百倍，而人呢，一只脚长不过三四十厘米，两只脚加起来，也不占优势。"

儿子接着说："人到不了的地方都有树的影子，就像高耸入云的山巅、悬崖峭壁。更神奇的是，树可以借由水汽攀上云端，可以变成椽子和檩子走在最豪华的宫殿上，可以打造成大船漂洋过海到世界各地。"

整个车厢里的大人们都一愣，谁曾从这个角度去评价一棵树的行踪？

"其实，还有很多：树上开的花，花上凝结的花粉可以经过蜜蜂带到更远的地方，授粉后结的果可以远销世界各地；若是这棵树上的叶子或种子足够可口，鸟雀们吃下它们，或许会到千里之外拉下粪便，那些没有消化的种子会在异乡生根发芽，继续壮大树的事业。"儿子补充说。

车厢里开始议论纷纷。

树走过的地方永远要比人走过的多得多，人行千里，总要回到故乡，人的故乡是亲人所在的地方，而树的故乡是有水和有土壤的地方。

这时候，还有人插话说："树还有一个伟大的特点致使它可以走得很远，那就是：许多种不一样的树可以抱团组合成一驾车、一条船，它们还可以壮烈到合在一起化成熊熊火焰照亮世界，而生活中总会有很多人因为不懂得合作不珍惜团结而错失机遇。"

车厢内，陷入一片沉静，列车呼啸而过，窗外，一棵树接着一棵树，电影镜头一样地飞过……

点　评

这篇文章以父子对话为开端，讲述了关于"树的足迹"这样一个命题。这种对话式的写法，有利于用最简明的话语阐述你要说的道理，且有一定的思辨性。让人读了，有畅快淋漓之感。读罢此文，掩卷深思，关于树的伟大，我们心中有了更多的认识。

岁月是把杀猪刀

> **作家心语：** 生活投来的再糟糕的欺骗，在我们这里，都
> 将变得色彩斑斓。

因为家庭经济拮据，小时候的他不得不到屠宰场工作，每天用杀猪刀肢解着猪牛羊的鲜肉，满是血腥味和油污。尽管这样，他的内心仍是十分清醒的，每天，他都要花10分钟左右的时间洗手，然后，摊开书本，打开笔记本，用心写下一天来的所悟所感。

出生在贫困的家庭，好比上苍在他眼前遮云蔽日，可是，他却要用梦想拉开那道困顿的"帘子"。他每天处理好屠宰场的活以后，用心写作，他是个浪漫的人，曾多次心境开阔地说："必须要用坚强的心来创造一种温柔，必须要在世俗恶化的状态下保有一种浪漫。"

当所有人对他的坚持投来质疑，他反驳说："如果你对理想的坚持真的有那么大的力量，你就不容易放弃，你之所以没有坚持你的理想到最后，那是因为你的理想不够坚强。"

是的，面对生活对他的欺骗，面对时运的压迫，他没有屈服，反倒倔强着挺立。白天，他以刀为笔，描摹着生活的美妙愿景；晚上，他以笔为刀，刻画着命运的图腾。

17岁那年，他开始发表作品；20岁之后，一发不可收拾；如今，他已经成为中国著名的作家，他就是林清玄。

面对窘境，林清玄说，文字可以洗心，也可以洗亮开掘未来的眼眸，他希望和他一样在平凡家庭中长大的人知道，人之所以真正会美好，是来自于他的内心。"人能看见世间万象的繁美，也正是内心之美。"

是的，面对厄运，只要我们能像林清玄一样"大其愿、坚其志、虚其心、柔其质"，生活投来的再糟糕的欺骗，在我们这里，都将变得色彩斑斓。

岁月是把杀猪刀，大多数情况下，会在人的容颜上刻下皱纹，而智慧的人，却用它来刻画梦想。

点 评

通过本文，告诉我们如下道理：生命从没有高低优劣，无论你处在什么样的位置，考验的都是你的意志。这是一篇写著名作家林清玄的文字，透过林清玄先生的成名与成功，我们可以得知：无论生活给了我们什么，只要我们怀揣着如火的热情，命运都会回报给我们动人的歌谣。

陶罐

作家心语：一只陶罐，一腔温情。

若干年前，祖父用一只陶罐和人换了一只铁罐。

陶罐粗糙，铁罐精致。陶罐易碎，铁罐结实。

尽管如此，祖父后悔了多年。说，那陶罐说不定还是文物呢，要不然，那个人怎么肯拿铁罐与他来换？

我记事时问祖父，你那只陶罐是哪里来的呢？

集市上买的，一个人搬家，拿不下那么多东西，我一口气买下了他三只陶罐，还不到一块钱，后来，打碎了两只，最后一只还给人换了。

祖父还对那只陶罐念念不忘。

在乡村，谁家能没有几只陶罐呢？房檐下，灶间里，甚至是茅厕里，比比皆是。而祖父坚信，那只陶罐非比寻常。

我让祖父回忆下当年更换那只陶罐的情形。

祖父说，当年坐火车去四川，他拎了一罐豇豆，一路就着馒头吃，快到四川的时候，已经吃了一半了。这时候，火车上上来一个人，拎着一只铁罐，与祖父比肩而坐。祖父渴了，要去倒茶，他说，老兄，我这里有，你喝吧，省得挤火车去前方倒水了。

一杯茶，让祖父和那个拎铁罐的人聊得很投机，后来，两人互换了地址，也互换了罐子，以示纪念。

听祖父这么说，这是顺理成章的事情呀，不包含欺骗呀。

祖父也觉得顺理成章，可是，心里还是不安，那么好的一只铁罐，怎么那人就忍心换呢？

我见过那只铁罐，确实很精致，上面的花纹也很有古风，我也替祖父纳闷。

我让祖父拿出来当年他们互留的地址，写封信过去。祖父不肯，说，换都换了，哪有再要回来的道理？

一个午后，我替祖父把这件事办妥了，写了封信，不提换陶罐的事情，全是问候，另外邀请他拎着陶罐前来我们家叙旧。

谁料，一周以后，那人果真来了，拎着祖父说的那只陶罐。

祖父也拿出了那只铁罐，当时，两个人各自拿着自己的罐子，忆往昔，感慨万千。

那人说："老兄，真要感谢你呀！当初，我上火车时，饥肠辘辘，只有一罐子茶水，当时，我就长了个心眼，与你换了半罐子豇豆，一路上再用豇豆与人换了馒头，这才渡过难关，到四川后，做了生意，日子风生水起，总想与你联系感谢，可是，却忘了把你留给我的地址放哪了。这些年，我想方设法联系你，一直没有消息，若不是你给我写了这封信，我这辈子都不知道还能不能见到你呀。"

匆匆半个多世纪，一晃而过，祖父和那人望着桌上的陶罐和铁罐，每个人心里都有说不出的滋味。

人心如罐，各自安放着自己的不堪和躁动。

点 评

一只陶罐，考验的不光是人心，更考验着人对物欲的抵抗力。这篇文看似简单平淡，实则个中藏着汹涌的情绪。鼓噪着人间大爱，救助、感恩等诸多因素在里面。一只陶罐很简单，它所装载的，乃是人性的山河。

余烬与余劲

作家心语：面对人生的富矿，你是否有着一颗"不懈怠"的心？

贝克·威瑟斯是一位登山者，在他攀登珠穆朗玛峰的途中，不幸遭遇了雪盲，顶峰近在咫尺，条件越来越恶劣，贝克的眼前一片模糊，辨不清方向，呆立原地，不敢动弹。

偏偏这时候，暴风雪又来了，气候惨烈的珠穆朗玛峰气温零下几十度，所有的队员都过来帮助贝克，距离山脚下的大本营还有300米的距离，可是，在条件极度恶劣的珠峰，这300米，比30千米还要难走。队友们忙到天黑，也没有把贝克救回来，只得放弃。

第二天，当他们再次经过贝克倒下去的地方，发现贝克竟然还有呼吸，队友们估计贝克只是弥留了，可是，就在他们无计可施地"等死"的时候，贝克竟然奇迹般地睁开了眼睛，所有的队友甚为惊异，他们想尽一切办法，凿开冰块，最终，把贝克救了下来，由于严重冻伤，贝克失去了一只眼睛，一双手，还有鼻子。可是，他却给整个家庭带来了"生"的希望，给整个社会带去了强大的信心。

有人问贝克，当时被冰封的时候是怎么想的？贝克说，当时他想起了家人的眼睛。

眼睛，如火种一般，吹醒了贝克生命的余烬，他用剩余的劲头，果敢地走向了生命的更深处。

尽管贝克没有登上珠峰，可是，在劫后余生后身上所赋予的精神内涵远比登上珠峰还要高贵得多。

这个故事，被作家刘屈艳扬记述在新书《本能》里。本能是什么？归根结底，是一种生来就有，需要后天巧妙激活并使用的能量。说白了，就是内心对成功的渴望，对生命富矿的开采，看你是浅尝辄止，还是义无反顾，是否有着一颗"不懈怠"的心。

《本能》是《荒野求生》节目的主持人贝尔·格里尔斯所著。单单是他在160多个国家和地区热播的《荒野求生》栏目就能给他带来不菲的人气。这个荒野深处只身一人探险的牛人，有着很多传奇的经历，绝对不是学院派的闭门造车，而是身临其境、现身说法。他的经历当然非常有说服力，所著所讲也相当有吸引力。

翻译者刘屈艳扬本身就是畅销书作家，她在这本书的结语里这样说：在本能的王国里，最神奇的一件事就是，即便你是一只破碎的罐子，通过训练，你也能突破自我，运动本能爆发产生巨大威力。

这是不是可以称得上"人生的核裂变"呢？余烬复燃，余劲反扑，人生之火大旺，人生竞技大胜。

点 评

这是一篇读书评论。通过《本能》一书，来阐明人生道理。这本书的可贵之处在于它不是单纯的说教，而是通过一些实例潜移默化你的心灵，另外，在指导你如何突破人生瓶颈的同时，还教你如何控制好自己的本能，不妄为，不唐突，懂得迂回、感恩，知晓怎样散播你的爱，发出你的光。

做自己人生剧本里的"狠角色"

作家心语：一辈子不长，我们要学会狠狠爱自己。

狠狠爱自己，不是疼惜自己，而是磨炼自己，锻打自己，做一柄开疆破土的王者之剑，而不是让自己像一堆破铜烂铁一样被"贱卖"。

生命苦短，何不励志。最近读李维文先生的《对自己狠一点，离成功近一点》一书，让自己"心智"跟随"眼球"狠狠励志了一把。

这本书给我印象最深刻的是，一次，国际巨星成龙开班收徒，破例把一位女弟子收入门下，在一般人看来，女孩子吃不了苦，不擅长做"打行"，成龙缘何收下她。原来，在众人训练、拍戏都很疲惫的时候，这位女弟子时刻精神抖擞，容光焕发，像一个打不败的人，她时时刻刻给人这种状态，自然感染了身边的许多人，当然也"感染"了成龙。这位女弟子的名字叫徐冬梅。

有个小品说，女人一定要对自己狠一些。可是徐冬梅对自己狠一些的方法与别人不同，别人体现在"花钱"和"生活奢侈"上，而徐冬梅是"花时间"和"奢侈"其灵魂。

生活是一本与众不同的剧本，它不是钩心斗角的宫廷剧，也不是煽情的青春偶像剧，更不是搞笑剧，相反，它有时候更像是一出"苦情剧"——不是一味地渲染哀怨，赚人眼球，而是用挫折积淀自己的高度，赚足别人对自己的注意力。只有经历这些的人，才是人生的狠角色，才会做自己的精彩主角，而不是被牢骚和屈辱牵着鼻子走。

做自己人生剧本的"狠角色"，并不是"傻狠"。"傻狠"的人多半"很傻"。我们要做一个"狠聪明"的人，"狠"得有骨气，"狠"得有力道，而且，还要"狠"得有目标：知道自己为什么"发狠"。

《对自己狠一点，离成功近一点》一书里，有这样一则故事：有一位心理学家发现，在一家老人院里，每逢节日，死亡率相对于平常，要少得多。很多人不明白为什么，通过调查才知道，原来，几乎所有的老人总会对圣诞节、感恩节、复活节、国庆节之类的节日充满期盼，为了等到这样一个开心日子的到来，他们会想方设法让自己挺住。原来，正是因为这样一个目标的存在，才让这些老人狠狠"坚挺"一把。

其实，有很多时候，挺住，就意味着一切。活过厄运，活过对手，活过心境里那个自卑的自己，你就强大了，你就涅槃了，你就所向披靡了。

对自己狠一些，生命的轨迹就更深一些，给这个世界留下的光辉印象就更鲜明一些。悠悠浮生，对自己"狠一把"又何妨？

★ 点 评

这篇文章看似一篇读后感，实际上，谈的是人生哲学。文中的警句频现，很多都是至理名言，这类文的写作，需要建立在日常文字的积累和打磨上。譬如文中的这段话：做自己人生剧本的"狠角色"，并不是"傻狠"。"傻狠"的人，多半"很傻"。我们要做一个"狠聪明"的人，"狠"得有骨气，"狠"得有力道，而且，还要"狠"得有目标：知道自己为什么"发狠"——很值得我们反复琢磨。

别说话，吃荔枝

作家心语：心无旁骛，才能把优秀挽住。

多年前，我中考失利，因3分之差无缘全市重点高中，揭榜那天，正落雨，我拿着分数条，在屋里一个劲儿地唉声叹气：若是我当初再细心一些，若是我不那么自负，若是我在考试前多吃一个鸡蛋……

一个上午，我的心情都灰暗暗的，母亲默不作声，拿出来上午刚买的荔枝，剥开一枚放在我面前的盘子里，然后继续剥。

荔枝再甜，我心里是苦涩的，哪里有心情吃荔枝？我一边埋怨自己，一边抱怨老天不公，约莫半小时后，母亲打断了我的话说："孩子，你看看，盘子里的荔枝都变色了。"

"变色了我也不吃，你吃吧。"我赌气说。

"可是，你就是生气，不也于事无补吗？你看一下盘子里的荔枝，先开始我剥开的时候，还是鲜美如玉的，正因为你的唉声叹气，错过了吃荔枝的最佳时间，如今已经变成了巧克力色。孩子，这枚荔枝其实就是我们所面临的生活，抱怨只会让它变色变味，最聪明的人都是在剥开它的瞬间就吃下它，消化它，在它们最鲜美的时刻，给我们提供最多的营养。"

"别说话，吃荔枝。"这是母亲教会我的朴素哲学，面对生活的考卷，一切叹气都是空耗能量，一切抱怨都是歪风邪气，我们唯一能做的就是坦然接受，不要让抱怨氧化了我们的内心。

点 评

　　本文撷取的是生活中一个微乎其微的细节，但在这个细节中，作者挖掘了深刻的人生道理。别说话，吃荔枝。看似是在说吃吃喝喝，其实谈的是人生菩提。在生活中的我们，切莫抱怨，无须唠叨，做好自己手边的事情，经营好脚下的土地，就够了。

扔掉"鼻屎"上路

作家心语：甩掉顾虑上路，青春从来没有近道可抄。

十年前，高考在即，我却被一位校外朋友的蛊惑弄得心里长草。

朋友对我说，他发明了一套高考作弊方法，用无线耳机接收，专门找高手做题，提前出考场，把"标准答案"通过打电话的方式告诉场内考生（那时候考场还没屏蔽信号），全程只需2000元。

我数学不好，转瞬心动了，并为之发疯。

朋友继续给我解释说，无线耳机只有"鼻屎"大小，塞在耳朵里，声音只有自己才能听见。

那段时间，我开始蠢蠢欲动，书也看不进去了，整个人像个疯子似的去借钱。

筹措再三，钱终于借到了。我交给了那位朋友，他果真给了我一套设备，我试验了一下，打通电话，自动接听，效果真的很好。

转瞬就是高考前一天，那天晚上，我彻夜未眠，我想到了这么做哪怕不被逮到，一想起此事，可能一辈子不快乐，总觉得自己像个小偷，窃取了公平和正义感，徒留心底的负罪感。

高考当天早上，我用冷水冲了个澡，从桌上拿起那枚无线耳机，瞬间扔进了垃圾桶。因为，我越发觉得那个耳机像是一块鼻屎，弄不好，肯定窒息了自己的前程。

　　那年高考，我果真因数学偏科没有考上大学，我心平气和地上了专科院校，丝毫没有不安，因为，这是凭我自己的本事考上的。

　　事后，我也知晓，我那位"朋友"所谓的场外作弊，压根儿就是骗人的，后来想想，疯狂背后，一阵虚惊，我很庆幸，庆幸自己没有被"一块鼻屎"绊倒了自己的前程。

★ 点 评

　　高考是改变一个人命运的第一大考，也是莘莘学子绞尽脑汁的考试。作者用"我"企图作弊为故事，讲述了矛盾的心理斗争。在作弊与不作弊之间，最终，"我"选择放弃，理智战胜了冲动。化违规"抄近道"为走向"阳关大道"。诚实守信、遵守规则是青年人必备的品德，作者通过这样一个故事，旨在告诉我们这一品德的重要性。

后　记

怀揣一点暖

我一直认为，为人与为文，都是需要怀揣一点暖意的。

人冷若冰霜，他人敬而远之；文森然阴暗，别人连看都不会看一眼，恐增晦气。

从2001年与文字为伍至今，已然悠悠14载光阴。这其中，经历了坎坷、摸索、模仿，也学会了创新、体悟、独立思考，在渐行渐近的路上，我逐渐看到了洞口的光亮，以笔为炬，脚下的路也越来越亮堂了。

这些年来，书写变成了我日常生活中最大的乐趣和最终的追求。也正是因为我和文字的厮磨，让我结识了一帮爱好文字的师友，他们给我指点，也给我鼓励，更用自己博大的胸怀陶冶了我的情操，让我的书写逐渐向好。

龚自珍有诗曰："一箫一剑平生意，负尽狂名十五年。"狂名自是不敢，以散文为箫，吹奏生活的爱与暖；以小说为剑，刺激人生的尖酸与刻薄，这点倒是可以有的。箫可吐气，剑可壮怀嘛。倒是"平生意"三字道出了我的心声，这辈子，我是打算和文字纠缠到底的，这是一种美妙的"拉锯战"，而不是"推搡"与"拉扯"。

随着写作的深入，我越来越趋向于记录生活中的一些细微因子，窗前的花，杯中的茶，地上的河，山上的松，人心里的念想……我觉得，唯有这些细节，才投射出最真最美的情愫，投射出人心深处最可贵的东西。

这本书完成以后，我已经33岁，一个而立之后的年岁，我需要做的事情还有很多，而我，也自知功力浅薄，太多的事情尚需修炼。争取在今后的创作之路上，力戒浮躁，听从自己内心的声音，多多写出有深度、有力度、有可看度的东西来。我也会不断地把自己在生活中的体悟以文字的形式记录下来，说给亲爱的你来听。

请继续给我以鼓舞，也请继续给我以批评。感谢喜欢我文字的你。

愿你永远安好，喜气。

李丹崖

图书在版编目（CIP）数据

时光清浅，微雨在檐 / 李丹崖著；戴滢滢点评. —
哈尔滨：哈尔滨出版社，2016.1
（高考语文热点作家作品精选）
ISBN 978-7-5484-2287-7

Ⅰ. ①时… Ⅱ. ①李… ②戴… Ⅲ. ①阅读课—高中
—课外读物 Ⅳ. ①G634.333

中国版本图书馆CIP数据核字（2015）第 230109 号

书　　名：**时光清浅，微雨在檐**

作　　者：李丹崖　著　戴滢滢　点评
责任编辑：杨浥新　闵　锐
责任审校：李　战
装帧设计：上尚装帧设计

出版发行：哈尔滨出版社（Harbin Publishing House）
社　　址：哈尔滨市松北区世坤路738号9号楼　　邮编：150028
经　　销：全国新华书店
印　　刷：哈尔滨市石桥印务有限公司
网　　址：www.hrbcbs.com　　www.mifengniao.com
E-mail：hrbcbs@yeah.net
编辑版权热线：（0451）87900271　87900272
邮购热线：4006900345（0451）87900345　或登录**蜜蜂鸟**网站购买
销售热线：（0451）87900201　87900202　87900203

开　　本：787mm×1092mm　　1/16　　印张：16　　字数：215千字
版　　次：2016 年1月第 1 版
印　　次：2016 年1月第 1 次印刷
书　　号：ISBN 978-7-5484-2287-7
定　　价：28.00元

凡购本社图书发现印装错误，请与本社印制部联系调换。　服务热线：（0451）87900278
本社法律顾问：黑龙江佳鹏律师事务所

相关阅读推荐

中考语文热点作家作品精选

高考语文热点作家作品精选